탁! 깨달음의 대화

법륜 스님 즉문즉설
탁! 깨달음의 대화

초판 1쇄 발행 2025년 11월 20일
초판 4쇄 발행 2025년 12월 30일

지은이 법륜
펴낸이 김정숙
기획 및 편집 이상옥, 장진영, 신미경, 권용욱, 이현주, 최영미
아트디렉팅 안지미
편집디자인 이은영

펴낸곳 정토출판
등록 1996년 5월 17일 (제22-1008호)
주소 서울특별시 서초구 효령로51길 42(서초동)
전화 02-587-8991
팩스 02-6442-8993
이메일 jungtobook@gmail.com

ISBN 979-11-87297-92-5 03810
ⓒ법륜, 2025

법륜 스님 즉문즉설

탁! 깨달음의 대화

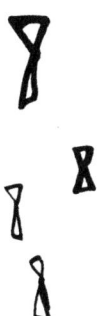

해답은 질문하는 사람들 모두가 갖고 있지만
정작 본인은 알아차리지 못할 때가 많습니다.

저는 사람들에게 다만 질문을 할 뿐입니다.

깨달음이란 무엇인가

달마대사가 숭산 소림사에 머물 때의 일입니다.

어느 날 달마대사를 찾아온 신광이라는 청년에게 달마대사가 물었습니다.

"너는 무엇을 얻으러 왔느냐?"

"안심입명安心立命의 도를 얻으러 왔습니다."

"네 마음이 지금 어떤가?"

"심히 불안합니다."

"그 불안한 마음을 이리 내어놓게. 내 편안하게 해줄 것이니."

한참 침묵이 흐른 뒤 신광이 대답했습니다.

"마음을 내어놓으려고 해도 내어놓을 게 없습니다."

"내 이미 너의 마음을 편안케 했느니라."

이 말씀에 그는 깨달음을 얻었습니다.

그가 달마대사의 법을 이은 이조 혜가二祖惠可(487~593) 대사입니다.

'깨달음'이라는 용어는 쓰는 사람에 따라 그 의미가 많은 차이가 납니다. 작은 이치를 알았을 때도 '깨달았다'고 하고, 존재의 본질을 확연히 꿰뚫었을 때도 '깨달았다'고 합니다. 불교에서 말하는 깨달음은 존재의 본질에 대한 확연한 깨달음을 말합니다. 즉, 연기법緣起法에 대한 확연한 통찰을 말합니다.

즉문즉설은 지금 여기에서 즉시 괴로움에서 벗어나기 위한 깨달음의 대화입니다. 부처님은 '삶은 다 괴로움'이라고 말씀하셨죠. 괴로운 삶에서 벗어나 행복하게 살기 위해 사람들은 질문을 합니다. 그러나 그 길은 질문하는 사람들 자신에게 있습니다.

그래서 저는 질문하는 사람들에게 도로 질문할 뿐입니다. 대화를 하다 보면 질문자는 스스로 자신의 괴로움에서 벗어나는 길을 찾게 됩니다. 우리가 살아가면서 겪는 일들이 별일 아님을 알아 괴로울 일이 없다는 것을 깨닫습니다. 백 명의 사람에게는 백 개의 괴로움이 있습니다. 그러나 이 모든 것은 다 자신의 '어리석음'에서 비롯됩니다. "어떻게 살아야 합니까?"라고 질문하는 사람들에게 저는 "너 좋을 대로 살아라"라고 말합니다. 자기 좋을 대로 살았는데 괴롭다면 그 괴로움은 자신의 무지에서 나왔다고 볼 수 있습니다.

2600년 전, 부처님은 사람들이 '자신의 어리석음'을 알아차리고

'깨달음'을 얻어 괴로움이 없는 삶을 살아가도록 안내했습니다. '즉문즉설'은 부처님의 가르침을 따라 스스로 삶의 지혜를 얻도록 안내하기 위한 대화 방식입니다. 이런 대화 방식은 부처님과 대중들이 한 대화이고, 옛 선사들의 대화 내용이었습니다. 그런 연유로 '즉문즉설'에서 나눈 대화를 책으로 엮었습니다. 질문자들이 대화 속에서 스스로 깨달음을 얻은 것처럼, 독자 여러분도 이 책을 읽고 크고 작은 깨달음을 얻기 바랍니다. 깨달음을 통해 일체의 괴로움에서 벗어나 자유롭고 행복한 삶을 사시기 바랍니다.

2025년 가을에

법륜 합장

차례

3장
당신과 더불어, 살아갑니다

4장
한걸음씩, 나아갑니다

/ 닫는 글 /

1장

이대로의 나, 괜찮습니다

선이니 악이니, 옳으니 그르니 하는 것은
다 자기가 일으킨 한 생각입니다.
그렇게 자신이 일으킨 한 생각으로
시비분별을 해놓고
선에는 선의 실체가 있고
악에는 악의 실체가 있다고
객관화하는 것을
'상相을 짓는다'고 말합니다.
존재에는 작용만 있고
실체가 없음을 탁! 깨쳐버리면
모든 상이 허망한 줄 알기에
집착하려야 집착할 것이 없습니다.
그러면 괴로울 일이 없습니다.
이대로 좋습니다.

열등

·

·

스님, 저는 제 자신이 너무 부족해 보입니다. 그래서 늘 자책하는 마음이 들어 괴롭습니다. 그동안 저의 삶은 좌절과 포기의 연속이었습니다.

·

"비둘기는 잘 날고, 펭귄은 헤엄을 잘 치며, 타조는 잘 달리지요?"
"네."
"비둘기나 펭귄이 아무리 달려도 타조만큼 빨리 달릴 수 있습니까?"
"아니요."
"그러면 비둘기나 펭귄은 열등한 존재입니까?"
"아니요."
"펭귄과 타조가 비둘기만큼 잘 날 수 있습니까?"
"아니요."

"그러면 펭귄과 타조는 열등한 존재입니까?"

"아니요."

"비둘기나 타조가 펭귄만큼 헤엄을 잘 칠 수 있습니까?"

"……!"

"비둘기는 날면 되고 펭귄은 헤엄치면 되고 타조는 달리면 됩니다. 각각의 존재는 서로 다를 뿐, 우등하거나 열등한 것이 아닙니다."

왜 사는가

.

.

스님, 저는 왜 태어났을까요? 또 사람은 왜 살까요? 가끔씩 이런
생각이 들면 너무 우울해져요.

.

"우리는 살아있어서 생각을 합니까, 아니면 생각을 하니
살아있는 겁니까?"

"살아있어서 생각을 합니다."

"그렇다면 살아있는 게 먼저일까요? 생각하는 게 먼저일
까요?"

"살아있는 게 먼저입니다."

"그렇죠. 우리는 세상에 태어났기 때문에 그냥 살 뿐이에
요."

"하지만 이렇게 사는 건 너무 괴로워요."

"괴롭지 않게 살고 싶습니까?"

"네, 괴롭지 않게 살 수만 있다면 그렇게 살고 싶어요."

"그럼 '왜' 사는지 묻지 말고, '어떻게' 살아야 괴롭지 않게
살 수 있는지 물어봐야 하지 않을까요?"
"아! 알겠습니다."

지금

．

．

저는 누구보다 열심히 노력해서 남들이 부러워하는 미국 명문대
학에 들어갔지만 삶이 너무 허무하고 가끔은 모든 걸 포기하고
싶은 생각도 들어요. 어떡해야 할까요?

．

"좋은 대학엔 왜 갔어요?"
"좋은 직장에 취직하려고요."
"좋은 직장에 취직해서 뭐 하게요?"
"그래야 돈을 많이 벌죠."
"돈은 많이 벌어서 뭐 하게요?"
"돈이 있어야 집도 사고, 차도 사고, 결혼도 하고, 아이도
키울 수 있잖아요."
"그건 왜 하는데요?"
"행복해지려고요."
"꼭 그렇게 멀리 가야 행복해요?"

"그렇지 않나요? 다들 그러잖아요."

"학생은 지금 행복합니까?"

"아뇨."

"지금 학생 부모님한테 물어보면 언제가 가장 행복했다고 할 거 같아요?"

"지금 제 나이처럼 젊을 때라고 할 거 같아요."

"지금 학생은 행복합니까?"

"아니요."

"학생은 젊은데 왜 행복하지 않죠?"

"네?"

"스님은 젊을 때도 행복했고 늙어서도 행복해요. 스님이라면 행복하려고 멀리 가지 않겠어요."

"……!"

임신

．

．

임신을 했는데 남자 친구랑 헤어졌어요. 그 사람이 아이를 지우
라고 해서 지웠다고 거짓말을 했더니 저를 떠나버렸어요. 저는
앞으로 어떻게 살아가야 할까요?

．

"어제는 미국에 사는 45세 여성이 정자은행에서 정자를 구
입해서 아기를 낳고 싶은데 그래도 되겠느냐는 질문을 했
어요."

"아, 네……."

"당신은 25세니까 나이 면에서 보면 어제 질문한 사람보다
좋은 조건이네요?"

"네, 그렇습니다."

"당신은 정자를 구하기 위해 돈도 안 들었고, 인공수정한
다고 병원에도 안 가고 아이가 생긴 거네요?"

"네, 그것도 그러네요."

"당신은 얼굴도 모르는 사람의 정자를 받아서 아기를 낳는
게 좋아요, 아니면 지금은 헤어졌더라도 한때 내가 좋아했
던 사람의 아기를 낳는 게 좋아요?"

"제가 좋아했던 사람이요."

"그런데 왜 울어요?"

"아……, 울 일이 아니었네요!"

잘하는 게 없어요

•

•

필리핀에 자원봉사 온 지 8개월이 지났습니다. 저는 별로 잘하는 게 없다는 생각이 자꾸 듭니다. 그런데도 봉사를 계속해도 될까요?

•

"평생을 봉사활동에 몸바친 분을 혹시 알고 계시나요?"
"테레사 수녀님 같은 분요?"
"당신이 그분만큼 봉사활동을 잘 할 수 있을까요?"
"아니요. 절대……."
"그래요. 그렇다면, 본인이 자신의 봉사활동에 대한 기대를 너무 크게 가진 게 아닐까요?"
"……?"
"친구들 중에 필리핀 봉사활동을 같이 온 사람이 있나요?"
"아니요. 모두 지레 겁을 먹고 아무도 안 왔습니다."
"그래요. 그렇다면 본인의 지난 8개월 봉사활동이 매우 대단하지 않나요?"

"……?"

"현지에 봉사활동 와서 일주일 만에 돌아간 사람도 많아요. 당신은 지금 매우 잘 하고 있는 겁니다. 다만 본인의 기대치에 따라 잘하는 게 없는 것처럼 느끼고 있을 뿐이에요."

"아……. 감사합니다. 남은 기간 끝까지 다만 열심히 하겠습니다."

눈치

•

•

스님, 저는 사람을 사귀고 또 잘 지내는 게 너무 힘들어요. 오래 만난 사람을 대할 때도 눈치를 자꾸 보게 되고, 마음에 드는 사람 앞에서는 아예 말이 잘 안 나와요.

•

"남에게 잘 보이고 싶습니까?"

"아니요."

"산에 꽃구경 갈 때 눈치를 봅니까?"

"아니요."

"그건 내가 꽃을 보아주면 되지, 꽃이 나를 잘 보아주기를 바라지 않기 때문입니다. 원하는 꽃이 없으면 다른 꽃을 보면 되고, 꽃이 없으면 잎을 보면 되지 꽃의 눈치를 보지는 않지요."

"아……!"

마조선사가 좌선을 열심히 하고 있었다.

어느 날 스승 회양선사가 암자 앞에서 벽돌을

열심히 갈고 있었다.

이를 본 마조선사가 물었다.

"벽돌을 갈아서 무엇하시렵니까?"

회양선사가 답했다.

"거울을 만들려고 하네."

"벽돌을 갈아서 어떻게 거울을 만듭니까?"

"벽돌을 갈아서 거울을 얻을 수 없다면

앉아서 참선만 한다고 어찌 부처를 이루겠는가?"

"어떻게 하면 됩니까?"

"소에 수레를 얹었는데 만약 수레가 가지 않으면

그대 생각에는 수레를 때리는 것이 옳겠는가,

소를 때리는 것이 옳겠는가?"

영화는 이미 끝났다

•

•

아버지는 이제 세상에 안 계십니다. 하지만 과거에 아버지로부터 받은 상처 때문에 저는 여전히 괴롭습니다.

•

"가끔 영화관에 갑니까?"

"네."

"영화가 시작되기 전 스크린은 어떤 상태입니까?"

"아무것도 없는 깨끗한 흰색입니다."

"그런데 영화가 시작되면 거기엔 온갖 장면들이 일어났다 사라졌다 하겠죠?"

"네, 그렇습니다."

"영화가 끝나면 스크린은 어떤 상태여야 합니까? 당신은 아버지와 함께 좋은 영화를 한 편 보았을 뿐입니다."

"네? 아…, 잘 알겠습니다."

꿈

.

.

저는 어린 시절 부모님께 학대받은 기억 때문에 괴롭습니다. 어떻게 하면 이 괴로움으로부터 자유로워질 수 있습니까?

.

"꿈을 깨면 됩니다."
"어떤 상태를 꿈을 꾸고 있다고 하시는 건가요?"
"생각이 과거나 미래에 꽂혀 있는 걸 말합니다."
"그럼, 꿈을 아예 꾸지 말아야 합니까?"
"우리가 꿈을 꾸고 싶지 않아도 꿈은 저절로 꾸어집니다."
"그럼 어떻게 해야 합니까?"
"꿈을 꿈인 줄 알고 바로 깨면 됩니다."
"알겠습니다, 스님."

만족

·

·

과거에는 직장과 사랑하는 가족이 있고, 건강하면 행복할 거라
고 생각했는데, 결혼도 하고 집도 장만하고 몸도 건강한 지금,
그렇지 않은 걸 느낍니다. 삶의 재미가 없어진 것 같아요. 어떻
게 사는 것이 행복한 삶일까요?

·

"만족하고 사는 것이 행복한 삶입니다."
"저는 왜 만족하지 못할까요?"
"욕심이죠."
"네?"

"아침에 일어나서 '오늘도 살았네!'라고 외쳐 보세요. 건강
하게 살아있다는 것만으로도 감사할 일입니다."
"하지만 아침이면 매일 똑같은 하루라는 생각이 들어요."
"아픈데도 병원에 가기 어려운 사람이 많고, 배가 고파 굶

주린 사람들이 아직도 많아요. 당신이 지금 살고 있는 건
강하고 안정된 삶을 꿈도 꾸지 못하는 사람들이 우리 주변
에 헤아릴 수 없이 많습니다."

"네……."

"만족할 줄 알아야 욕심을 내려놓게 되고 삶이 행복해집니
다."

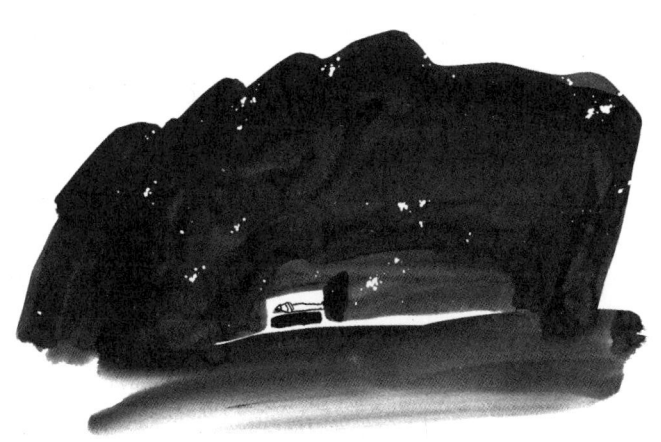

삶과 죽음

•

•

저는 어린 시절, 어머니의 죽음을 목격하고 그로 인한 트라우마
로 힘들게 젊은 시절을 보내다 죽음에 대한 두려움을 해결하고
자 출가를 했습니다. 삶은 무엇이고 죽음은 무엇입니까?

•

"삶은 삶이고, 죽음은 죽음입니다."

"예?"

"냉장고 안에 있는 얼음을 이곳에 꺼내 놓으면 어떻게 됩
니까?"

"녹아서 없어집니다."

"다시 묻겠습니다. 냉장고 안에 있는 얼음을 이곳에 꺼내
놓으면 어떻게 됩니까?"

"……"

"냉장고 안에 있는 얼음을 이곳에 꺼내 놓으면 어떻게 됩
니까?"

"녹아서 물이 됩니다."

"얼음이 없어진 겁니까?"

"아닙니다. 물로 변했습니다."

"그 물을 다시 냉동실 안에 집어넣으면 어떻게 됩니까?"

"얼음이 됩니다."

"물이 없어진 겁니까?"

"아닙니다. 형태가 변한 것뿐입니다. 잘 알겠습니다!"

일상

·

·

올해 저에게 참 많은 일이 일어났습니다. 중년이 되어 이혼했고, 아버지도 돌아가시고, 믿고 의지했던 친구가 갑자기 죽었고, 큰 돈을 사기당했습니다. 이런 일들이 한꺼번에 일어나니 너무나 혼란스럽고 어찌할 바를 모르겠습니다. 제가 어떻게 하면 중심을 잡을 수 있을까요?

·

"일어날 만한 일이 일어났네요."
"예?"
"다만 연달아 일어났을 뿐입니다."
"예?"
"늦가을 낙엽이 지기 시작할 때, 어떤 가지에서는 하루에 낙엽이 하나만 지고, 또 어떤 가지에서는 여러 개가 한꺼번에 질 때도 있습니다."
"……"

"이쪽 가지에서 낙엽이 하루에 하나만 져도 아무 일이 아니고, 저쪽 가지에서 여러 개가 한꺼번에 져도 아무 일이 아니지요."

"예⋯⋯."

"그럴 때도 있는 것이 일상입니다."

소처럼

.

.

저는 잘 쉬지 못하고 늘 바쁘게 많은 일을 하고 있습니다. 주말에 쉬고 싶어서 쉬면 마음이 불안합니다.

.

"질문자는 일할 때 어떤 마음입니까?"

"일할 때는 일이 많아서 마음이 바쁘고 힘이 듭니다."

"일이 있으면 바빠서 힘들고, 일을 쉬어도 불안하다면, 일이 당신을 힘들게 합니까, 당신 마음이 당신을 힘들게 합니까?"

"소가 열심히 여물을 먹고 있는 모습을 본 적 있습니까?"

"예."

"그 모습이 매우 힘들고 바빠 보였습니까?"

"꼭 그런 거 같진 않았습니다."

"그럼 여물을 다 먹은 소가 새김질할 때는 힘들고 바빠 보였습니까?"

"아닙니다. 눈을 지긋이 감고 편안해 보였습니다."

"일보다 당신 마음을 살피며 주어진 일을 그냥 하세요. 일이 바빠도 안정된 마음으로 하고, 일이 없으면 한가롭게 멈춰서 지내보세요."
"네, 스님. 감사합니다."

선택

·

·

저는 둘 중 어느 하나를 선택하는 게 너무 힘들어 일상생활에서
지장이 많아요. 식당에 가면 먹고 싶은 게 많아서 메뉴 고르기도
어렵고요. 여기에 오면서도 무슨 옷을 입어야 할지 모르겠더라
고요. 어떻게 하면 선택 장애 문제를 해결할 수 있을까요?

·

"그럴 때는 아무거나 선택하세요."
"어떻게 아무거나 선택해요?"
"둘 사이에 큰 차이가 없어서 그래요."
"차이가 없다니요?"

"결혼은 했어요?"
"아니요, 아직이요."
"왜 아직 안 했어요? 선택을 잘 못해서요?"
"네, 맞아요."

"남자하고 결혼할래요? 여자하고 결혼할래요?"

"네? 그거야 당연히 남자와 하죠."

"선택을 잘하네요. 그럼 능력도 없고 인물도 별로고 나이도 나보다 스무 살쯤 많은 남자와 결혼할래요? 아니면 능력도 좋고 인물도 잘났고 나이도 젊은 남자와 결혼할래요?"

"능력도 좋고 인물도 잘났고 나이도 젊은 남자요."

"선택을 잘하네요. 결혼 상대는 잘 고르는데, 메뉴 고르는 건 왜 어려울까요?"

"살아가는 데 큰 차이도 나지 않는 메뉴 고르기에 힘들다고 선택 장애가 있는 걸까요?"

"……."

"비슷할 때는 아무거나 선택해도 되지 않을까요?"

"아…… 네."

반려견

·

·

저는 30년이 넘는 세월 동안 부모님이나 다른 사람들에게 늘 착하다는 말을 들으며 살아왔습니다. 남들로부터 미움을 살까 두려워 무조건 남의 의견에 따라가는 삶을 이제껏 살아왔습니다. 지금부터는 저의 의견도 피력하면서 당당하게 살고 싶습니다.

·

"네, 그렇게 하세요."
"그런데 그게 잘 안 됩니다."
"무엇을 반려견이라 합니까?"
"사람들에게 사랑을 받으며 살아가는 개가 반려견 아닌가요?"
"그런 반려견은 야생 개에 비해 어떤 장점이 있습니까?"
"힘들여 사냥을 안 해도 되고, 안락한 곳에서 살 수 있습니다."

"그렇게 사는 것도 하나의 생존 방식입니다. 거기에는 아무런 문제가 없습니다."

"……."

"집에서 키우는 반려동물처럼 살면서 자꾸 야생을 그리워하니까 문제가 되고 삶이 불만족스러운 겁니다."

"그렇지만 저도 지나치게 남의 눈치를 안 보고 행복하게 살고 싶습니다. 솔직히 스님처럼 당당하게 사는 분들을 보면 많이 부럽습니다."

"평생을 반려견으로 살아왔는데 야생 개가 쉽게 되겠습니까?"

"그럼 제가 야생 개가 될 수 있는 방법은 없는 건가요?"

"그럼 아무거나 먹고 아무 데서나 잘 수 있겠습니까?"

"예, 그럴 수 있을 거 같습니다."

"아무거나 먹고, 아무 데서나 잘 수 있는 야생 개가 사람의 눈치를 보겠습니까?"

"아, 알겠습니다."

콩과 팥

•

•

저는 사랑을 주고받는 행복한 분위기의 집안에서 자라지 못했습니다. 그래서 이제 결혼하면 남편과 시댁 식구들에게 사랑을 받으며 살고 싶은데, 어떻게 해야 그렇게 될 수 있을까요?

•

"여기 콩을 저쪽으로 옮겨 심으면 팥이 됩니까?"

"네?"

"한국에 심었을 때 콩이었던 것이 미국에 간다고 해서 팥이 되지는 않습니다."

"아, 스님의 말씀이 무슨 뜻인지 알 것 같아요. 하지만 저는 콩이지만 결혼을 하면 팥을 수확하고 싶은데 방법이 없을까요?"

"팥을 수확하고 싶으면 팥을 심어야 하지 않겠습니까?"

"사랑을 받으려면 먼저 사랑하라는 말씀이시죠? 그런 얘기는 여기저기에서 많이 들어봤습니다. 하지만 그 얘기를 하는 사람들조차도 받기보다 먼저 사랑하는 사람이 별로 없는 걸 봐서는 그렇게 하기가 쉽지 않은 것 같아요."

"내일 지구가 멸망하더라도 나는 오늘 한 그루의 사과나무를 심겠다는 사람도 있습니다. 나는 그냥 한 그루의 사과나무를 심을 뿐이고, 또 팥을 심을 뿐이고, 또 사랑을 할 뿐, 쉽고 어렵고의 문제가 아닙니다."

"……."

기도문

·
·

저는 작년에 암 진단을 받고 항암 치료 중입니다. 처음에는 두려운 마음에 화가 나기도 했습니다. 108배를 시작하고는 가족관계도 회복하고 마음에 여유가 생겨 일상생활을 하고 있습니다. 그래도 두려운 마음이 들곤 합니다. 스님, 기도문 하나 주십시오.

·

"제가 오늘 병원에 갔는데 의사가 '암세포가 있다'라고 알려주면 제게 좋은 일인가요, 나쁜 일인가요?"

"글쎄, 잘 모르겠습니다."

"암이 있다는 걸 모르면 괴롭지 않지만, 위험은 더 크겠지요. 알게 되었으니 기뻐할 일이지 결코 슬퍼할 일이 아닙니다."

"하지만 남은 인생이 길지 않다면 당연히 슬프겠죠."

"앞으로 10년을 더 살지, 5년을 살지, 일 년밖에 못 살지 모릅니다. 그렇기 때문에 다른 사람보다 짧은 인생을 마음

편하게 기쁘게 살아야 합니다. 남들보다 인생을 더 즐겁게 살면 됩니다. 그러면 저절로 좀 더 오래 살게 됩니다. 그러니 굳이 기도문은 필요 없습니다."

"그래도 기도문 하나 주시면 열심히 기도하겠습니다."

"'지금 살아 있어서 감사합니다!' 이렇게 기도하세요."

"네, 감사합니다. 지금 살아 있어서 감사합니다!"

속도

•

•

저는 재수를 하고 있는데 시험만 보면 심하게 긴장을 합니다. 그래서 아무리 열심히 준비해도 시험만 보면 50~70퍼센트밖에 실력을 발휘하지 못하니까 너무 속상합니다. 어떻게 하면 좋을까요?

•

"여기 올 때 뭐 타고 왔어요?"

"기차 타고 왔습니다."

"타고 온 기차의 최고 속도가 얼마나 되는지 알아요?"

"KTX는 최고 속도가 300킬로미터가 넘는 걸로 알고 있습니다."

"그럼 기차는 길이 막힐 일도 없으니 여기 올 때 계속 300킬로미터 넘는 속도로 달려서 왔겠네요?"

"그렇지 않습니다. 아마 대부분은 200킬로미터 이하로 달릴 거예요."

"그렇다면 최고 속도와 대부분의 구간에서 실제로 달리는 속도가 차이 나는 건 KTX만 그럴까요? 버스나 오토바이, 자전거, 사람, 모두 그렇지 않을까요?"

"……."

밥투정

·
·

저는 지금 준비 중인 시험에 합격해야 먹고살 수가 있습니다. 그런데 책을 보면 금세 생각이 다른 데로 가버리고 집중이 잘 안됩니다.

·

"그럼 공부 안 하면 되죠."

"어떻게 공부를 안 해요?"

"안 해도 먹고살 만하니까 안 하는 거겠죠?"

"아닙니다. 저는 꼭 합격을 해야 합니다."

"옛날 우리가 어릴 때처럼 자식도 많고 먹을 것도 없는 집 아이들이 밥투정을 많이 하겠습니까? 아니면 요즘 아이들이 밥투정을 많이 하겠습니까?"

"요즘 아이들이 많이 하겠지요. 그런데 그건 왜 물어보십니까?"

"음식이 부족해서 지금 이거 안 먹으면 앞으로 사흘을 굶어야 한다면 아이들이 밥투정을 하겠습니까?"

"아니요."

"산을 올라가도 되고 내려와도 되는 사람이라면 등산하다 힘들면 이런저런 불평을 하겠지만, 누가 뒤에서 총 들고 죽이려고 쫓아와서 산으로 도망가는 상황이라면 불평하고 딴짓할 겨를이 있겠습니까?"

"아, 네!"

산삼

·

·

한눈에 반했다며 3년 넘게 저를 쫓아다니는 남자가 있습니다.
저는 그 사람이 특별히 좋지도 싫지도 않은데 어떻게 해야 할까
요?

·

"내가 산에 도라지를 캐러 갔는데 절벽 아래로 산삼처럼
보이는 게 있다면 어떤 기분이 들겠습니까?"
"횡재한 것 같은 느낌이요."
"그래서 위험을 무릅쓰고 캐왔는데 알고 보니 산삼처럼 생
긴 도라지라면 어떤 기분일까요?"
"실망스럽고 화가 날 것 같아요."
"나를 산삼인 줄 알고 한눈에 반한 사람이 나와 같이 살다
보면 나중에 어떨까요?"
"아마 실망하겠지요! 그럼 그 사람과 결혼해서 행복하게
사는 방법은 없는 건가요?"

"본인은 진짜 산삼 맞아요?"

"네?"

"평생 도라지로 살던 내가 갑자기 산삼으로 살 수 있겠어
요?"

"아⋯⋯."

양자택일

•

•

전공을 선택해야 하는데 두 가지 진로 중 어느 쪽을 선택할지 고
민입니다. 이럴 때는 어떻게 해야 합니까?

•

"동전을 던져서 선택하면 됩니다."
"스님, 저는 심각합니다."

"배가 고픈 당나귀가 있습니다. 당나귀 양쪽으로 건초 두
더미가 있는데, 어느 한쪽에 있는 건초가 양도 많고 질도
좋다면 당나귀는 어떤 선택을 하겠습니까?"
"그거야 고민할 필요도 없이 당연히 양도 많고 질도 좋은
쪽의 건초를 먹겠지요."
"이번엔 당나귀 양쪽으로 양과 질이 거의 같은 건초 두 더
미가 있습니다. 하나만 선택해야 한다면 당나귀는 어떤 선
택을 하겠습니까?"

"어느 쪽을 선택해도 별 차이가 없으니 아무거나 선택해서 먹겠지요."
"그런데 이 당나귀는 건초 두 더미 사이에서 어느 것이 더 좋을까 고민만 하다가 아무것도 먹지 못했다고 하네요."

놀이

•

•

저는 30대부터 기업을 운영해 왔는데 어느덧 60대가 되었습니다. 시간 가는 줄도 모르고 일을 하다 보니 제일 잘하는 게 일이고, 취미조차 일이라고 해도 될 정도입니다. 가끔은 이렇게 살아도 되는지 의문이 듭니다.

•

"그렇게 살아도 됩니다."
"네?"

"무대 아래에는 3만 원을 내고 춤을 추는 사람이 있고, 무대 위에는 30만 원을 받고 춤을 추는 사람이 있어요. 주어진 시간이 끝나고 진행자가 '30분 연장!'이라고 하면 무대 아래 사람이 좋아할까요, 아니면 무대 위의 사람이 좋아할까요?"
"무대 아래 사람요. 아마 무대 위 사람은 싫어할 거 같아

요."

"돈을 내고 춤을 추는 사람은 지금 놀고 있습니다. 춤이라
는 행위 자체가 이 시간의 목적이에요. 그 사람은 자기 행
위의 주체인 거죠. 하지만 돈을 받고 춤추는 사람은 지금
일을 하고 있는 겁니다. 돈이 목적이니 춤이라는 행위가
노동이 됩니다."

"네, 그것이 노동과 놀이의 차이군요."

"사람들이 저더러 과로한다고 말하지만 수행하고, 울력하
고, 여러분을 만나 즉문즉설하는 모든 것이 저에게는 놀이
입니다."

"아……! 알겠습니다."

"지금은 어때요?"

"지금 이대로 괜찮습니다."

꿈

·

·

저는 뭐가 되고 싶다는 꿈도 없고 특별히 하고 싶은 일도 없습니다. 그런데 주변에선 이런 저를 이상하다고 하니 많이 위축됩니다. 스님에게 위로의 말을 듣고 싶어요.

·

"좋은 일이네요."
"네?"
"특별히 하고 싶은 게 없으니 무엇을 해도 되겠네요?"
"네?"
"선택의 폭이 넓어서 좋잖아요."

"지금 되고 싶은 게 없다는 건 아직 내가 어느 하나의 모양으로 고정되지 않았다는 것 아니겠습니까?"
"아, 그러네요."
"어느 하나로 고정되지 않으면 언제든지 다른 것으로 무엇이든 될 수 있습니다. 살다 보면 어느 하나로 고정될 때도 있고, 아니어도 아무 문제가 없습니다."

"그런 생각은 하지도 못했습니다."

"꿈은 있어도 좋고 없어도 좋습니다. 특별히 되고 싶은 게 없으면 무엇이든지 될 수 있습니다."

"스님, 정말 감사합니다."

자신감

·

·

저는 이제 막 중학교에 들어갔는데요. 키도 작고 너무 못생겼어요. 그냥 제가 한심하고 자신감도 없어요.

·

"여기에 종지가 있고 밥그릇이 있고 국그릇이 있어요. 밥그릇은 국그릇보다 커요, 작아요?"
"작아요."
"종지하고 비교하면 밥그릇이 커요, 작아요?"
"커요."

"그러면 다른 건 저리로 치워놓고 밥그릇만 놓고 보면 커요, 작아요?"
"모르겠어요."
"밥그릇은 커요, 작아요?"
"크지도 않고 작지도 않습니다."

"그럼 학생은 잘생겼어요, 아니면 못생겼어요?"

"모르겠어요."

"학생은 잘생겼어요, 못생겼어요?"

"저는 잘생기지도 못생기지도 않은, 그냥 저예요."

"학생은 아주 똑똑하네요."

"저는 똑똑하지도 않고 멍청하지도 않아요."

정체성

· · ·

· ·

저는 어릴 때 부모님과 외국에 나가서 살다가 20년 만에 한국에
돌아왔습니다. 한국에 오니 정체성에 혼란을 겪고 있습니다. 한
국인도 외국인도 아닌 것 같아요.

·

"오늘 누가 스님에게 비빔밥을 대접해 주었어요. 그런데
이 맛도 아니고 저 맛도 아니라서 무슨 음식인지 모르겠더
라고요."
"스님, 비빔밥은 그게 맛이에요."

"어제는 누가 스님 드시라면서 천혜향을 보내줬는데, 예전
에는 이런 과일이 없었어요."
"요즘 새로 나온 과일입니다."
"먹어보니 귤 맛도 아니고 오렌지 맛도 아니고 무슨 맛인
지 모르겠어요."

"그게 천혜향 맛이죠."

"그런데 그게 더 비싸다면서요?"

"네."

"당신은 한국 사람과 외국 사람을 비벼놓은 경우가 아닌가
요? 게다가 예전에는 그런 경우가 별로 없었지요. 그래도
정체성에 불만인가요?"

"아, 아닙니다. 감사합니다."

"우리는 모두 있는 그대로 존엄합니다. 어떻게 비교하느냐
에 따라 달리 인식될 뿐입니다."

인공지능

•

•

전 미술 분야에서 일하는데 최근에 그림을 그리는 인공지능이 나왔습니다. 제가 오랫동안 쌓아온 걸 인공지능이 몇 초 만에 해버리는 걸 보니 허탈합니다.

•

"기계가 어떤 일을 대신하면 기계에 맡기세요."
"네?"
"자동차를 타고 내비게이션을 이용하죠?"
"네. 당연히 사용합니다."
"기계가 사람 일을 대신하는 게 싫으면 차를 타지 말고 내비게이션도 거부해야죠."

"하지만 그림을 안 그리면 저는 뭘로 먹고 삽니까?"
"내가 하는 일을 기계가 해서 문제가 아니라, 내 돈벌이를 뺏어갔다는 게 걱정인 거네요?"

"······"

"기계가 도입되면서 모든 일자리가 없어졌나요?"

"새로운 일자리가 만들어지기도 했습니다."

"인공지능이 발전하는 사회에도 다양한 변화와 가능성이 열려 있습니다. 기계와 그림 그리기로 경쟁하지 말고, 본인이 그리고 싶은 그림을 그리세요. 그런 그림은 인공지능이 따라 하지 못합니다."

실패

.

.

실패를 반복할 때마다 너무 힘듭니다. 그러다 보니 이제는 새로운 일을 시도하는 것조차도 많이 두렵습니다. 어떻게 하면 좋겠습니까?

.

"거울에 비친 자신의 모습이 그렇게 대단해 보여요?"
"네? 무슨 말씀인가요?"
"아기가 처음 걸을 때 넘어지기를 수없이 반복하지요?"
"네, 그렇습니다."
"그걸 실패라고 합니까?"
"아닙니다."
"우리가 자전거를 처음 배울 때 열 번쯤 넘어져야 한다면 그게 실패입니까?"
"아닙니다, 연습입니다."
"당신이 시도하는 일은 무엇이든지 한 번이나 두 번 만에 원하는 대로 이루어져야 합니까?"

"아닙니다."

"그런데 왜 새로운 일을 시도하는 게 두렵습니까? '나는 원하는 것을 한 번 만에 이룰 수 있다'고 자신을 너무 과대평가하는 것은 아닙니까?"

"스님, 제가 욕심을 너무 내었나 봅니다."

장애

·

·

세상은 왜 이렇게 불평등하나요? 왜 어떤 사람은 못생겼고 키가
작으며, 또 세상 사람들의 절반은 왜 남자로 태어나지 못하고 여
자로 태어났을까요? 저는 여자인데다 신체장애까지 있습니다.
이렇게 태어난 이유가 전생에 지은 죄 때문이라면 너무 억울하
지 않습니까?

·

"얘기를 들어보니 당신이 지금 사는 이곳은 지옥이겠네
요?"
"네, 맞아요. 살아가기가 너무 힘듭니다."
"지장보살은 지옥 중생을 구제한다고 지금 지옥에 살고 있
는데, 전생에 무슨 죄를 지었기에 그럴까요?"
"네?"

"왼손잡이는 장애입니까, 장애가 아닙니까?"

"옛날엔 오른손을 바른손, 왼손을 그른 손이라 하면서 왼손잡이를 장애로 보고 차별했다는 얘기를 들어본 적이 있어요."

"그럼 옛날의 왼손잡이들은 전생에 큰 죄를 지었겠네요?"

"……."

"지금은 왼손잡이들이 스포츠 같은 분야에서도 더 우대를 받기도 하지 않습니까?"

"네, 그렇다고 알고 있습니다."

"그럼 지금 우대를 받는 왼손잡이들은 전생에 복을 많이 지은 겁니까?"

"……."

"지금의 왼손잡이들은 '나는 왜 왼손잡이로 태어났을까? 전생에 무슨 죄를 지었을까?' 하고 전생 타령을 하겠습니까?"

"아니요."

"현재의 차별이 전생의 죄와 복을 만들었을까요, 전생에 지은 죄와 복으로 지금의 차별이 생겨났을까요?"

"네, 알겠습니다."

진로

.

.

한 달만 있으면 제대하는데 전역 후 진로가 고민입니다.

.

"수학 시간인데 영어나 다른 과목을 공부한 적 있어요?"

"있습니다."

"수학 시간에 수학 공부하는 게 효율적일까요, 다른 과목을 공부하는 게 효율적일까요?"

"수학 공부요."

"그처럼 군대에 있을 땐 군 생활에만 충실하는 게 최선입니다."

"진로 때문에 도피하듯 입대해서 그런지 자꾸만 전역 후가 걱정됩니다."

"제대해도 또 걱정이 많겠네요."

"아니, 왜요?"

"이번에는 영어 시간에 또 다른 공부를 할 거잖아요."
"네? 아!"

신발 정리

·

·

저는 얼마 전에 입대했는데요, 군대를 제 인생의 전환점으로 삼
아 변화하고 싶습니다. 그러기 위해서는 어떻게 살아야 할까요?

·

"방에서 나올 때 신발이 가지런히 놓여 있기를 바란다면
지금 들어갈 때 어떻게 해야 합니까?"
"신발을 가지런히 벗어 놓고 들어가야 합니다."
"그런데 지금 아무것도 안 하고, 나올 때 신발이 가지런하
기를 바라고 있네요."
"…… 아!"

공부

.

.

저는 야간 근무를 하는 직장인인데 어떤 시험을 앞두고 있습니다. 공부를 잘하려면 대체 어떻게 해야 할까요?

.

"직장에서 밤새 일하고 집에 돌아오면 어때요?"

"너무 힘들어서 아무것도 하기가 싫어요."

"그래도 사랑하는 사람이 찾아오면 벌떡 일어나 뛰어나가겠지요?"

"네, 실제로 그런 경험도 있습니다."

"와도 그만, 안 와도 그만인 사람이 오면 어때요?"

"그래도 왔으니까 맞이하기는 하지만 그 사람에게 건성으로 대하거나 집중하기는 힘들 거 같아요."

"공부도 지금 그렇게 하고 있지 않을까요?"

"아, 그렇군요."

특별한 날

•

•

저는 하루하루 딱히 힘들지도 않지만 행복하지도 않아요. 후회
없는 삶을 위해 특별한 일을 하면서 특별한 날을 만들고 싶은데
어떻게 해야 할까요?

•

"지금 오늘은 특별한 날이 아닌가요?"
"네, 그냥 별 의미 없는 하루 같아요."

"여기 올 때는 뭐 타고 왔어요?"
"걸어서 왔어요."
"걸을 수 있는데 이게 특별한 일이 아닙니까?"
"네?"
"오늘 밥은 먹었어요?"
"네."
"밥을 먹을 수 있다는 게 특별한 일이 아닙니까?"

"……."

"살아있는 오늘이 특별한 날이고, 특별한 일이지 않습니까?"

"네, 알겠습니다."

물

　

．

．

전문가들은 앞으로의 세상은 지금과는 전혀 다른 세상이 된다고
합니다. 그런데 어떤 직업이 사라지고, 또 어떤 직업이 새로 생
겨날지 다가올 미래를 예견할 수 없어 막막합니다. 우리 청년들
은 어떻게 해야 할까요?

．

"물은 무슨 모양입니까?"
"물에 모양이 있나요? 잘 모르겠습니다."

"여기 크기가 주먹만 한 딱딱한 얼음덩이가 있습니다. 입
구가 좁은 병에 이걸 넣으려면 어떻게 해야 할까요?"
"글쎄요, 잘 모르겠습니다."
"둥근 그릇에 물을 담으면 물은 무슨 모양입니까?"
"둥근 모양입니다."
"네모난 그릇에 물을 담으면 물은 무슨 모양입니까?"

"네모난 모양입니다."

"주먹만 한 딱딱한 얼음덩이를 입구가 좁은 병에 넣으려면 어떻게 해야 하겠습니까?"

"아, 녹여서 물로 만들어 넣으면 됩니다."

"내가 얼음덩이가 아니라 물이라면 병 입구가 넓든 좁든, 그릇이 둥글든 네모나든 아무 상관이 없습니다."

2장
일어나는 마음, 들여다봅니다

파도 하나하나를 보면
파도가 일어나고 사라지는 줄 압니다.
그러나 그 바다 전체를 보면
파도는 생겼다 할 것도 없고
소멸했다 할 것도 없습니다.
다만 바닷물이 출렁거릴 뿐입니다.
이렇게 보는 것이 바로 생멸을 떠난
공한 세계를 아는 것입니다.
바다는 그 고요함으로부터
갖가지 파도가 생겨나고 풍랑이 일어납니다.
그래서 보살은 바람이 불면
풍랑이 일어나는 줄을 압니다.
고요한 바다로부터 일어나는
수많은 미묘한 갖가지 현상을 다 압니다.

한쪽 눈

·

·

저는 하던 사업이 승승장구해서 지금까지 잘살다가 최근에 실패
했습니다. 사업이 망해서 가진 재산이 절반밖에 남지 않아 너무
괴롭습니다.

·

"사업에 실패했는데도 재산이 아직 절반이나 남았다니 대
단하시군요."
"네?"

"눈이 한쪽만 보이는 사람은 행복하겠습니까, 아니면 불행
하겠습니까?"
"당연히 불행하지 않을까요?"
"두 눈이 다 안 보이던 사람이 한쪽 눈이 보인다면 그도 불
행합니까?"
"그는 행복할 거 같아요."

"두 사람이 똑같이 한쪽 눈만 보이는데 왜 한 사람은 불행하고 한 사람은 행복합니까?"

"네, 저는 행복한 사람입니다."

날씨

•

•

영원히 함께하자던 여자 친구가 다른 남자를 만나 저를 떠났습
니다. 앞으로는 어떤 사람도 믿지 못할 것 같습니다.

•

"날씨가 아침에는 화창했는데 어느새 비가 오네요."
"네, 스님. 오늘 날씨가 갑자기 변했습니다."

"사람의 마음은 항상 똑같습니까, 아니면 상황에 따라 자
주 바뀝니까?"
"마음이야 당연히 자주 바뀔 수 있죠."
"상황에 따라 마음이 바뀌는 게 죄가 될까요?"
"그래도 이것은 다르잖아요. 약속을 했는데…"

"그래요? 농사철인데 비가 안 오면 비가 죄를 지었습니
까?"

"……."

"모내기 철인데 어떻게 비가 안 올 수가 있죠?"

"네, 알겠습니다."

보름달

•

•

저는 다른 사람을 보면 그 사람의 안 좋은 마음이 느껴져서 힘듭
니다. 예를 들어 누군가가 욕심이 많게 느껴지면 그 사람이 미워
지고 숨이 막혀요.

•

"보름달을 보면 어떤 느낌이 듭니까?"

"슬프기도 하고 좀 으스스한 느낌이 듭니다."

"달이 당신을 슬프게 했어요, 당신이 달을 보고 슬퍼했어
요?"

"달이 나를 슬프게 했습니다."

"보름달을 보고 기뻐하는 사람도 있을까요?"

"네, 기뻐하는 사람도 있습니다."

"달이 그를 기쁘게 했습니까?"

"아뇨, 그가 달을 보고 기뻐했습니다."

"달이 당신을 슬프게 했습니까?"

"아니요. 제가 달을 보고 슬퍼했습니다."

"그 사람은 미운 사람입니까?"

"아닙니다. 제가 그를 미워했습니다."

지금 즉시

．

．

엄마가 돌아가신 지 한 달이 넘었는데도 저는 엄마 생각만 하면 주체하기 힘들 정도로 계속 눈물이 납니다. 엄마 잃은 슬픔을 제 힘으로는 감당할 수가 없는데, 어떻게 해야 하나요?

．

"지금 느끼는 슬픔의 크기가 1년 뒤에도 여전할까요?"

"아마 그럴 것 같아요."

"3년 뒤에는요?"

"잘 모르겠어요. 반쯤 줄어들 것 같아요."

"10년 뒤에는요?"

"많이 나아지겠죠."

"그때는 어머니가 살아 돌아옵니까?"

"아뇨."

"그런데 왜 그때는 나아질까요?"

"……"

"10년 뒤에 나아질 일이라면, 왜 지금 바로 나아지면 안 될까요? 꼭 10년을 울다가 나아져야 하나요?"

"……!"

텅 빈 마음

•

•

마음이 텅 빈 것 같아요. 너무 쓸쓸하고 허전하고 외로워요.

•

"마음이 텅 비어 있으면 안 되나요?"
"네?"

"집에 그릇이 많이 있지요? 빈 그릇이 더 많아요, 아니면
음식으로 가득 채워진 그릇이 더 많아요?"
"빈 그릇이요."
"그릇을 왜 빈 상태로 두는 거예요?"
"아, 알겠습니다."

이혼

·

·

저는 이혼을 두 번이나 한 실패한 인생입니다.

·

"요즘 결혼하고 싶어도 못 하는 사람들이 많다는데요?"
"네, 그렇다네요."

"다른 사람은 한 번도 못 해본 결혼을 당신은 두 번이나 해
봤으니 성공한 인생 아닌가요?"
"네, 그렇게 되네요."

도박

·

·

남편은 도박을 너무 좋아합니다. 그래서 너무 괴로워요. 어떻게
하면 괴로움을 없앨 수 있는지 말씀을 듣고 싶어 왔습니다.

·

"남편이 도박을 좋아하는데 왜 당신이 괴롭습니까?"
"돈을 자꾸 잃으니까요."
"남편은 어떻습니까?"
"남편은 괴롭지 않아 보입니다."
"왜 남편은 괴롭지 않습니까?"
"자기가 도박을 좋아하니까요."

"고양이를 좋아합니까?"
"아니요. 저는 고양이가 싫습니다."
"왜 고양이가 싫습니까?"
"개는 좋아하는데 고양이는 왠지 싫어요."

"누가 싫어합니까?"

"제가 싫어합니다."

"그건 고양이가 문제입니까, 당신이 문제입니까?"

"음……."

"왜 괴롭습니까?"

"남편이 도박을 해서요."

"누구 문제입니까?"

"제 문제입니다."

"왜 괴롭습니까?"

"이제 괴롭지 않습니다."

시누이

•

•

시누이가 한 명 있는데 어쩌면 이렇게 안 맞을까 싶을 정도로 사사건건 대립합니다. 이제는 시누이 발소리만 들어도 화가 난다니까요. 스님, 전생에 제가 시누이랑 어떤 인연이어서 이토록 힘든 걸까요?

•

"자식이 있습니까?"

"사춘기가 된 아들이 하나 있습니다."

"엄마 말을 잘 듣습니까?"

"사춘기여서 그런지 저를 매우 힘들게 합니다."

"아들이 엄마 말을 잘 들을 때도 있었습니까?"

"아주 어렸을 때는 제 말을 잘 들어서 참 예뻤습니다."

"그럼 어렸을 때 아들은 전생에 당신과 좋은 인연이었고, 지금 아들은 전생에 당신과 악연이었나 보네요?"

"아, 제가 그동안 너무 어리석었네요. 그럼 시누이와의 관계는 어떻게 풀어야 할까요?"

"뱀을 본 적이 있습니까?"

"네, 있습니다."

"당신은 뱀을 보면 어떻습니까?"

"무섭고 혐오스럽습니다."

"뱀이 당신을 무섭게 했습니까, 아니면 당신이 뱀을 보고 무섭게 느꼈습니까?"

"제가 뱀을 보고 무섭게 느꼈습니다."

"시누이의 발소리가 당신을 화나게 했습니까?"

"아니요, 제가 발소리를 듣고 화가 났습니다."

"발소리를 듣는데 왜 화가 납니까?"

"……."

독재자

•
•

남편은 어떤 일도 저에게 상의 한번 없이 늘 자기 맘대로 해서 괴롭습니다. 독재자 같은 남편을 보통 남편처럼 되게 할 방법이 있을까요?

•

"집을 나서는데 비가 오면 어떻게 해야 합니까?"

"우산을 써야 합니다."

"날이 추우면 어떻게 해야 합니까?"

"옷을 더 입고 나가야 합니다."

"날이 더우면 어떻게 해야 합니까?"

"옷을 가볍게 입어야 합니다."

"스님이 볼 때는 당신이 남편보다 더 독재자 같습니다."

"아니, 왜 제가……?"

"비가 오고, 날이 덥고 추운 걸 당신과 상의하나요?"

"아닙니다."

"우산을 쓰고 옷을 바꿔 입을 때 남편과 상의하나요?"

"아닙니다. 어떻게 그런 거까지……."

"비가 오면 우산을 쓰면 되고, 날씨에 맞게 옷을 바꾸면 됩니다. 당신은 지금 억지로 비를 못 오게 하고, 비가 오면 우산을 쓰지 않고 비를 원망하고 있으니, 당신은 매우 고집이 센 사람입니다."

"아, 네……. 알겠습니다"

실연

•

•

저는 3년간 연애하던 남자에게 실연을 당하고 심한 우울증에 시
달리고 있습니다. 어떻게 이 상황을 극복할 수 있을까요?

•

"제가 어떤 가게의 단골이었는데 집 근처에 새로 수퍼마켓
이 생겨서 가보니 물건도 좋아서 이후로 그 가게에서 물건
을 사게 됐어요. 그런 제가 배신자일까요?"
"아뇨, 그럴 수 있다고 생각해요."
"누가 나에게 10년간 매달 10만 원씩 준다고 약속하고 3년
동안 돈을 줬어요. 그런데 갑자기 주지 않겠다는 거예요.
그 사람은 나쁜 사람입니까?"
"그건 아닌 거 같습니다."
"사람은 만나면 헤어집니다. 인연이 되면 만나고, 인연이
다 되면 헤어지는 거예요. 1년 만에 헤어지든, 10년 만에
헤어지든 시기의 차이가 있을 뿐입니다."

"그렇지만 그 남자에게 억울한 마음이 들어 힘듭니다."

"본인은 '실연을 당했다'라고 말하는데 남자친구는 당신에게 피해를 주었다고 생각할까요? 단지 안 만나고 싶다는 것일까요?"

"……?"

"아무도 피해를 주지도 받지도 않았어요. 서로 좋아서 만났다가 한 사람이 만나고 싶지 않아 헤어졌을 뿐입니다. 여기에 억울할 게 뭐가 있습니까?"

"……!"

불안함

.
.

몸이 아파서 정밀검사를 받고 결과를 기다리고 있는데, 너무 불
안합니다. 마음을 어떻게 다스려야 할까요?

.

"밥 먹을 땐 밥만 먹고 잠잘 땐 잠만 자면 됩니다."

"네? 그건 너무 당연한 얘기 아닌가요?"

"그렇게 당연한 걸 왜 못합니까?"

"저는 그렇게 하고 있습니다."

"그렇게 하고 있다고요? 밥 먹을 땐 밥만 먹고 잠잘 땐 잠
만 자면 무슨 걱정이 생기겠습니까?"

"무슨 말씀인지 어려워서 모르겠습니다."

"밥 먹을 때는 다른 생각하고, 잠자리에 누워서는 내일을
생각하지 않습니까?"

"아, 제가 그렇게 하고 있네요."

"그런데 스님, 만약 검사 결과가 안 좋게 나올 때도 불안하지 않으려면 어떻게 해야 하나요?"

"만약이라는 단어는 지금 여기에는 존재하지 않습니다."

"그래도 지금 내 몸에 큰 병이 있다면 걱정이 안 될까요?"

"그렇다면 치료하면 되잖아요."

"치료가 안 되면요?"

"또 지금 밥 먹을 때 다른 생각하고, 잠자리에 누워서 내일을 걱정하고 있는 상황 아닙니까?"

"…… 아! 알겠습니다, 스님."

게임

•

•

아들이 중학생인데 공부는 안 하고 게임만 합니다. 아들을 보면서 언제까지 잔소리를 해야 할지 모르겠습니다. 별로 효과가 없다는 걸 알지만, 그렇다고 아이를 위해서 안 할 수도 없으니 답답할 따름입니다.

•

"아이를 위해서 잔소리를 한다고요?"
"네, 물론입니다."
"엄마가 다섯 살 된 아이와 백화점 앞을 지나가는데 아이가 장난감 총과 칼을 사달라고 했습니다. 처음엔 안 된다고 거절했는데 어떤 생각으로 엄마는 거절을 했을까요?"
"그런 물건을 가지고 놀면 아이의 정서에 좋지 않으니까 사주지 않았겠지요."
"그런데 아이가 땅바닥에 앉아 울면서 발을 동동 구르고 고함을 치며 총과 칼을 사줄 때까진 집에 안 가겠다고 억지를 부려서 할 수 없이 사주었습니다. 이번엔 어떤 생각으로 엄마는 장난감을 사주었을까요?"

"아이가 그렇게까지 원하는데 사주지 않으면 아이 마음이 다칠까 걱정이 되어 어쩔 수 없이 사주었을 거 같아요."

"사주었을 때도, 안 사주었을 때도 모두 아이를 위해서 그렇게 했다는 말입니까?"

"아, 그건 이해가 됐습니다. 그럼 어떻게 해야 공부는 안 하고 게임만 하는 아들을 편안하게 바라볼 수 있을까요?"

"'재미있니?' 하면서 주스 한 잔 갖다주세요."

"네……?"

"아! 잘 알겠습니다."

그래도

.

.

저는 처음부터 만나지 말아야 할 사람과 힘들게 40년을 살았습니다. 남편은 신혼 때부터 저를 무시하면서 끊임없이 바람을 피웠고요. 요즘엔 결벽증에 의처증까지 생겨 제가 화병으로 약을 먹지 않으면 살 수가 없습니다. 기도를 하면 마음이 좀 편안해질 것 같은데, 기도문 하나만 주세요.

.

"자식들은 있어요?"
"넷 있습니다. 자식들은 전부 독립해서 부모에게 손 안 벌리고 잘 살아가고 있습니다."
"부부가 할 일을 다 했으니 너무 힘들면 헤어지면 됩니다."
"스님, 제가 이 나이에 헤어지면 뭐 하겠어요? 그냥 기도문 하나만 주세요."
"아니요, 그런 사람과는 당장 헤어지는 게 좋겠어요."
"헤어지면 경제적인 문제도 있고, 지금까지 40년을 참고 살았는데요."

"아니, 다 늙은 남자가 결벽증에 의처증까지 있는데 힘들어서 어떻게 살아요?"

"그러니까 기도문을 달라고 하잖아요."

"그래서 지금 살지 말라고 기도문을 주잖아요."

"스님, 그래도 헤어지는 것보다는 같이 사는 게 나아요. 그러지 마시고 기도문 하나만 주세요."

"아무리 남편이 힘들게 해도 같이 살겠다고요?"

"네."

"그럼 이렇게 기도해 보세요."

"어떻게요?"

"그래도 죽고 없는 것보다는 낫다."

"……."

"한번 따라 해보세요."

"죽고 없는 것보다는 낫다."

"앞에 '그래도'를 꼭 붙이세요. 그래야 기도 효과가 더 큽니다."

한 제자가 스승을 찾아와서 자신이 깨우친 것을 말했다.

"스승님, 저는 모든 것이 공空하다는 것을 깨달았습니다.

마음에는 실체가 없음을 깨달았습니다."

그 말을 듣고 있던 스승은 막대기로 제자의 머리를 내리쳤다.

고상하게 자신의 깨달은 내용을 읊조리던 제자는

갑작스러운 매에 퍼뜩 화가 났다.

"앗, 왜 때리는 겁니까?"

제자의 반응을 보며 스승은 쓴웃음을 지으며 말했다.

"어허, 일체가 공하고 실체가 없는데,

어디서 아픔이 나오고 어디서 화가 올라올꼬?"

팀장

•

•

저는 지금 다니고 있는 직장에서 팀장으로 일하고 있습니다. 그런데 팀원들 업무 능력이 너무 떨어져 스트레스를 많이 받습니다. 마음을 어떻게 다스려야 할까요?

•

"당신은 팀장이 되는 것이 좋아요, 팀원으로 있는 게 좋아요?"

"팀장이 좋습니다."

"팀원 중에 일 잘하는 사람을 팀장으로 뽑겠어요, 못하는 사람을 뽑겠어요?"

"일 잘하는 사람이요."

"팀원들이 당신보다 일을 잘하면 당신이 팀장이 될 수 있었겠습니까?"

"아!"

술

·

·

남편이 자주 술을 마시고 늦게 들어옵니다. 그런 남편 때문에 너무 화가 납니다.

·

"자주 술을 마시고 늦게 들어오는데 왜 화가 납니까?"
"술 마시고 늦게 들어오니까 당연히 화가 나죠."
"술 마시고 늦게 들어오는데 왜 화가 나죠?"
"아니, 그러면 남편이 술 마시고 늦게 들어오는 게 괜찮다는 말씀이세요?"

"술 마시는 것은 옳지 않은 일입니까?"
"네."
"그것이 누구의 생각입니까?"
"저의 생각입니다."
"당신의 생각은 다 옳습니까?"

"아······."

"달을 보고 당신이 슬퍼했습니까, 달이 당신을 슬프게 했습니까?"
"제가 달을 보고 슬퍼했습니다."

"남편이 당신을 화나게 했습니까, 당신이 남편의 행동을 보고 화를 냈습니까?"
"제가 남편의 행동을 보고 화를 냈습니다."
"내가 나 때문에 왜 화가 납니까?"
"화가 나지 않습니다."

가면

•

•

저는 어느 절에서 공양주로 살고 있습니다. 저는 부처님 가르침
대로 나보다는 남을 위해 싫은 기색 하나 없이 스님들과 다른 도
반들의 부탁을 다 들어주며 살았습니다. 그 절의 스님들도 제가
착하다며 저를 참 좋아하고요. 그런데 지금은 너무 힘들고 지쳤
습니다. 그래서 때로는 애꿎은 가족에게 불쑥 화를 내기도 합니
다.

•

"착한 사람이 가족에게는 왜 화를 내요?"

"……"

"가족에게는 착한 사람이라는 말을 안 들어도 사는 데 아
무 지장이 없으니 그런가요?"

"무슨 말씀인지요?"

"지금 화장을 하고 여기 오셨는데, 가족하고만 있을 때도
화장합니까?"

"아니요, 외출할 때만 화장합니다."

"가족하고 있을 때는 화장을 안 하면서, 다른 사람을 만날 때는 왜 화장합니까?"

"가족한테는 예쁘게 보일 필요가 없잖아요."

"정말 착한 겁니까, 아니면 착한 척을 하는 겁니까?"

"……."

"그러니까 힘들죠. 우리가 그렇게 특별한 존재가 아닙니다. 가면을 벗고, 화장도 지우고, 가볍게 사세요."

"잘 알겠습니다."

화

•

•

저는 네팔에서 한국으로 시집왔습니다. 저는 어릴 때부터 착하
게 자라서 상대방한테 큰소리칠 줄 몰라요. 이해심이 많다 보니
까 상대방에게 화가 나도 참고만 지냅니다. 그러나 참고 살면 울
화병에 걸린다고 하는데 걱정입니다. 친구들의 말처럼 화가 나
면 화도 내고 큰소리도 치면서 살아야 하나요?

•

"화가 날 때는 참는 것보다는 화를 내는 게 더 나아요."
"그래도 화를 내면 싸움이 일어나니까 참는 게 낫다고 생
각해요. 저만 조용히 하면 상대방도 저한테 큰소리를 안
하니까요."
"너무 참으면 나중에 울화병에 걸릴 위험이 있어요. 참아
서 울화병에 걸릴 정도면 갈등이 좀 생기더라도 건강을 위
해 화를 내는 게 나아요."
"네팔에 '개가 나를 물어도 나는 개를 물면 안 된다'는 속

담이 있는데 그렇게 생각하며 살고 있어요."

"그런 생각이라면 참으면서 살아보세요. 하지만 화를 참는 것보다 화가 나지 않는 게 더 나아요."

"……."

"수행을 하면 화를 참지 않아도 됩니다."

"내가 수행한다고 상대가 달라지는 게 아니잖아요?"

"수행을 하면 상대방을 이해하게 돼요. 이해를 하면 화가 나지 않습니다. 그럼 참을 게 없어집니다."

"아! 알겠습니다, 스님."

질투

•

•

중년이 되니 학창 시절에 공부도 못하던 친구들이 남편 잘 만나서 지금은 저보다 돈도 많고 사람들로부터 사모님 소리를 듣는 걸 보면 솔직히 화도 나고 마음이 많이 불편합니다. 어떻게 마음을 다스리면 제가 좀 편안해질 수 있겠습니까?

•

"초가 다 타 없어질 때가 되면 한때 그 초의 크기가 무슨 의미가 있겠습니까?"

"네?"

"눈 감을 때가 되면 예전 어느 날 저녁에 쌀밥 먹었는지 보리밥 먹었는지가 중요하겠습니까?"

"아……."

"눈 감을 때가 되면 예전 어느 날 내가 큰 방에서 잤는지 작은 방에서 잤는지가 중요하겠습니까?"

"네……."

기대

∙

∙

저는 연애를 시작한 지 얼마 되지 않았습니다. 사랑을 하면 행복
해진다고 하는데 누군가를 사랑하고 있는 지금, 저는 오히려 불
안하고 괴롭습니다.

∙

"바다를 사랑해도 불안할까요?"
"네?"
"산을 좋아해도 괴로울까요?"
"아뇨."
"그런데 왜 사람을 사랑하면 불안할까요?"
"그러게요."
"사랑하기 때문에 불안하고 괴로울까요, 사랑받고 싶어 불
안하고 괴로울까요?"
"아! 그렇군요."

꽃구경

•

•

스님, 저는 외국에서 오래 살아서인지 가족들이 많이 그립습니다. 그런데 저만 가족들을 짝사랑하고 있나 봐요. 제가 먼저 연락을 안 하면 아무도 저에게 연락을 하지 않습니다. 자존심도 상하고 많이 서럽습니다.

•

"좋아하는 취미가 뭐예요?"
"가끔 꽃구경하러 교외로 차를 몰고 나갑니다."
"꽃이 먼저 와달라고 해서 교외까지 나갑니까?"
"아닙니다."
"그러면 뭐 하러 돈 들이고 시간 들여서 꽃구경하러 갑니까?"
"꽃을 보고 나면 제가 기분이 좋고 행복해져서요."
"가족에게는 왜 먼저 연락을 합니까?"
"아……."

뜨거운 구슬

●

●

스님, 괴로움은 욕심 때문에 일어난다고 알고 있습니다. 하지만 욕심을 내려놓는 게 말처럼 쉽지는 않습니다. 욕심을 어떻게 내려놓아야 하겠습니까?

●

"그냥 내려놓으면 됩니다."

"이해가 잘 안 됩니다."

"여기 아주 뜨거운 구슬이 있는데, 내가 모르고 그것을 쥐어서 손을 데었다면 어떻게 해야 합니까?"

"내려놓아야 합니다."

"내려놓는 특별한 방법이 있습니까?"

"뜨거운 줄 알면 그냥 내려놓으면 됩니다. 하지만 사람의 마음이 뜨거운 물건처럼 그렇게 쉽게 되겠습니까?"

"아직 괴로움이 덜해서 견딜만한가 보네요? 계속 들고 계세요."

"네?"

돌멩이

.
.

저는 20년 넘게 대학에서 학생들을 가르치고 있는데 학생과 학교로부터 인정은 받지만 늘 어떤 무게감에 짓눌리는 느낌입니다. 어떻게 하면 지금보다 자유롭고 가볍게 살 수 있겠습니까?

.

"돌멩이를 들고 있는 사람과 내려놓는 사람이 있다면 누가 가벼울까요?"

"제가 돌멩이를 들고 있다는 말씀입니까?"

"본인이 들고 있는 돌멩이가 무엇인지 모르겠어요?"

"잘 모르겠습니다."

"학생들에게 잘 가르쳐야 한다는 생각을 갖고 있지 않습니까?"

"네, 그렇습니다."

"스스로 모르는 걸 안다고 붙들고 있지 않습니까?"

"네, 그런 것 같습니다."

"틀린 걸 안 틀렸다고 우기고 있지는 않습니까?"

"그런 것 같습니다."

"내려놓으시지요."

"네, 내려놓겠습니다."

죽은 개

·

·

얼마 전 사랑하는 반려견이 하늘로 떠났습니다. 엄마와 저는 한 사찰의 지장전에 반려견 영가등을 달아주고 천도재도 지냈지만 슬픔으로 힘듭니다. 읽기만 해도 공덕이 된다고 해서 《금강경》을 독경하고 있습니다. 살아있을 때나 지금이나 《금강경》을 많이 들었던 우리 강아지는 지금 어디 있을까요?

·

"강아지는 극락에 갔을 거예요."
"다행입니다, 스님."
"《금강경》을 독송한다고 하니 한 구절만 물어보겠습니다. '범소유상凡所有相 개시허망皆是虛妄 약견제상비상若見諸相 非相 즉견여래卽見如來'라고 있지요?"
"네?"
"강아지가 극락에 갔다는 말은 슬픔을 위로하는 종교적 차원의 말입니다. 그런데 부처님이 말씀하신 《금강경》의 이 말은 무슨 뜻인지 아십니까?"

"'모든 것은 실체가 없으니 집착할 것이 없으면 괴로울 것도 없다'는 것을 깨달아야 한다는 뜻이라고 알고 있습니다."

"강아지를 위해 《금강경》을 독송하면서도 강아지에게 집착하고 있네요."

"아……!"

사자

●

●

마흔이 넘으니 제 또래의 친구들과 제 주변의 사람들이 저보다 앞서 나가는 것을 보면 마음이 많이 불안하고 초조합니다. 저보다 어린 친구들조차 값비싼 아파트도 가지고 있고, 자식들도 공부를 잘하는 걸 보면 제가 너무 뒤처진 것 같아 잠이 오질 않습니다.

●

"고양이 앞에 쥐로 살고 계시네요."
"제가요?"
"쥐들은 고양이가 나타나면 어떻게 합니까?"
"도망갑니다."
"어디로 도망갑니까?"
"쥐구멍이요."
"가까이에 쥐구멍이 없을 때는 어떻게 합니까?"
"무조건 앞을 향해 죽기 살기로 달려야겠지요."

"그러니까 운이 좋으면 쥐구멍에 숨을 수 있고, 아니면 어디로 가는지도 모르고 죽기 살기로 달려야 한다?"
"네."

"그런데 당신이 쥐가 아니고 사자라면 어떻게 하시겠습니까? 그래도 고양이 때문에 마구 달리시겠습니까?"
"네? 아······!"

밥값

•

•

어렵게 직장을 구하고 열심히 노력한 결과 회사에서 인정을 받았습니다. 최근에는 관리자의 자리에도 오르게 됐어요. 팀원 중에는 열심히 일하는 사람도 있지만, 시간만 때우다 가는 사람도 있어요. 이런 사람을 보면 너무 화가 납니다.

•

"이 회사가 본인이 세운 회사예요?"

"아닙니다."

"본인도 일하고 월급 받는 거죠?"

"네, 맞습니다."

"그럼 월급 받는 만큼만 일하세요."

"……"

"모든 직원이 스스로 일을 잘하면 본인이 매니저 자리에 있을 필요가 있을까요?"

"그럴 필요가 없을 것 같습니다."

"직원들이 모두 열심히 일하면 누가 돈을 법니까?"

"회사가 돈을 법니다."

"회사 직원 모두가 돈을 버나요?"

"아뇨, 사장이 법니다."

"사장이 돈을 많이 벌 수 있도록 당신이 지금 직원들에게 화를 내고 있는 거네요?"

"……."

거름

•

•

저는 30년 전에 작은 공장을 인수해서 제법 큰 공장으로 키웠습니다. 그런데 제가 일흔 살이 넘고 건강도 나빠져 평생 키운 공장을 처분하려고 하는데 여의치가 않습니다. 작년에 처분할 기회가 있었으나 가격이 안 맞아 결정을 못 한 게 많이 후회가 됩니다. 지금은 그 정도의 가격을 제시하는 곳도 없으니 마음이 너무 힘들고 건강은 점점 더 안 좋아져 어찌할 바를 모르겠습니다.

•

"오늘 아침 똥을 눴습니까?"
"그건 왜 물으십니까?"
"오늘 아침 선생님이 싼 똥은 가치가 얼마나 되겠습니까?"
"그게 무슨 가치가 있을까요?"
"똥이 되려면 밥을 먹고 소화를 시켜야 하지 않습니까?"
"그렇습니다."
"밥 짓고 반찬 만드느라 돈과 시간을 써야 하고, 수십 번

수저를 들었다 났다 하며 먹어야 하고, 또 수백 번 씹어야 하고, 또 위와 장이 쉴 새 없이 움직여야 똥이 만들어지는 데, 그런 똥에 가치가 없을 수 있겠습니까?"

"그게 무슨 말씀이신지요?"

"이제는 아무 가치가 없다는 그 똥을 만드느라 우리는 한평생 열심히 잘 살았던 겁니다."

"아…… 감사합니다."

"내가 좋아하는 음식을 만들 때는 어떻습니까?"

"재미가 있습니다."

"내가 좋아하는 음식을 씹는 동안에는 어떻습니까?"

"행복합니다."

"음식이 소화되면서 몸에 필요한 에너지를 다 뽑아 썼지요?"

"그렇습니다."

"30년간 공장을 하면서 돈 버는 재미도 있었고, 거기서 나온 수입으로 지금까지 잘 먹고 재미나게 살지 않았습니까?"

"아, 그렇군요. 이제 알겠습니다."

"그래도 똥이 오물이 되는 것보다는 거름이 되는 게 좋지 않겠습니까?"

"네, 요긴하게 잘 이용할 사람이 있으면 기꺼이 맡기겠습니다."

엄양嚴陽 스님이 조주趙州(778~897)선사를 찾아와 물었다.

"한 물건도 가지고 오지 않았을 때는 어떻게 합니까?"

"내려놓아라(放下着)."

"이미 한 물건도 가지고 온 것이 없는데

무엇을 내려놓으라는 것입니까?"

"그렇다면 지고 가거라(着得去)."

억울

•

•

남편이 바람나서 평생 모은 재산을 딴살림에 탕진했습니다. 저는 너무 분하고 억울해 병까지 얻어 죽을 것 같습니다.

•

"어떤 사람이 한밤중에 물을 마시고 싶어 어둠 속을 걷다가 의자에 걸려 넘어졌습니다. 이 사람이 가장 먼저 해야 할 일은 무엇입니까?"

"일어나는 겁니다."

"일어난 다음에는 무엇을 하겠습니까?"

"아마 저라면 불을 켜겠습니다."

"그냥 그 자리에 주저앉아 '누가 여기에 의자를 가져다 놓았어?' 하면서 소리를 지르고 억울해한다면 어찌 되겠습니까?"

"아…… 잘 알겠습니다."

"처음부터 불을 켰다면 의자에 걸려 넘어지지도 않았겠지

요."

"제가 어리석었습니다."

나무 그늘

•

•

저는 젊은 시절에는 노동운동을 했고 지금은 국제구호단체에서 활동하고 있습니다. 젊은 시절부터 지금까지 사회적 약자에게 도움이 되는 일을 하겠다고 원을 세우고 실천하며 살았습니다. 그런데 지금은 무거운 짐을 지고 있는 느낌입니다. 어떻게 하면 남을 도우면서도 제가 가벼워질 수 있겠습니까?

•

"당신이 없으면 그 사람들은 살아가지 못할까요?"
"아닙니다. 나름대로 살아갈 겁니다."
"그런데 왜 당신은 그들이 못 살아갈 것처럼 무거운 짐을 지고 있죠?"
"아! 네."
"저기에 큰 나무 하나가 보입니까?"
"네."
"지금 저 나무가 무슨 일을 하고 있습니까?"

"아니요, 그냥 서 있습니다."

"당신도 저기 있는 나무처럼 하면 됩니다."

"아무것도 하지 말라는 말씀인가요?"

"나무 그늘에서 사람들이 쉬고 있는 게 보입니까?"

"네."

"나무가 사람들을 쉬게 해주려고 억지로 애를 쓰면서 저렇게 그늘을 드리우겠습니까?"

"아니요, 그렇지 않습니다."

"그럼 어떻게 해서 저렇게 큰 그늘이 생겼습니까?"

"네, 알겠습니다."

공덕

·

·

저는 12년 전부터 공덕을 쌓기 위해 최선을 다해 환자를 치료해 왔습니다. 그런데 요즘에는 몸이 많이 지치고 힘들어 최선을 다해 환자를 보기가 어렵습니다. 그러다 보니 공덕을 깎아내리는 게 아닌가 고민이 됩니다.

·

"고민하지 않아도 됩니다. 그동안 쌓은 공덕도 없는데 깎아내릴 공덕이 어디 있겠습니까?"
"네?"

"왼손에 상처가 나서 오른손으로 약도 발라주고 붕대도 감아줬다고 해봅시다. 이때 오른손이 '나는 최선을 다해 왼손을 치료해 줬다, 그러니 나는 공덕을 쌓았다', 이렇게 하겠습니까?"
"조금 어렵지만 무슨 말씀인지 대강은 알 것 같습니다. 그러면 앞으로 어떤 마음으로 환자를 대해야 하겠습니까?"

"오른손이 왼손의 상처를 돌보듯이, 또 내 손이 지친 내 발을 어루만지듯이 그렇게 환자를 대하면 됩니다."

"감사합니다, 스님. 앞으로는 환자를 저와 한 몸이라고 생각하고 열심히 도우면서 살아보겠습니다."

"아직 제 얘기를 이해 못 하신 거 같네요."

"네?"

"그렇게 하면 얼마 못 가 또 지치겠어요."

"그러면 어떻게 해야 합니까?"

"환자가 오면 그냥 치료하세요."

"……네, 알겠습니다."

등산

•

•

스님, 작은 식당에서 출발해 몇 년 전에는 직원이 10명이나 될 정도로 큰 식당을 운영했습니다. 하지만 최근에 부도가 나 지금은 빈털터리 신세가 되었습니다.

•

"등산 좋아해요?"

"장사가 잘될 때는 쉬는 날에 등산을 가곤 했습니다."

"힘들게 등산을 왜 합니까? 그냥 케이블카 타고 올라가면 되는데요."

"그래도 힘들게 올라가는 재미, 내려오는 재미가 있지 않습니까?"

"그게 인생입니다."

"......"

3장

당신과 더불어, 살아갑니다

내가 옳다는 상을 내려놓으면
상대의 생각과 처지를 알게 되고,
상대의 생각과 처지를 알고 이해하면
그것이 바로 상에서 벗어나는 길입니다.
나에게는 내 의견이 있듯이
상대에게는 상대의 의견이 있다는 그 사실만이
유일한 객관입니다.

가게 주인

.

.

저는 둘째 딸 집에서 딸과 사위와 함께 살고 있습니다. 그런데
생각은 그렇게 하지 말자고 하면서도 항상 사위가 못마땅합니
다. 사위를 예쁘게 보고 싶은데 마음이 그렇게 되지를 않아요.

.

"딸은 마음에 들어요?"
"솔직히 딸도 못마땅할 때가 많이 있습니다."

"내가 직원을 한 명 데리고 있는 조그만 가게 주인이었는
데, 그 직원이 일을 배워 독립해서 가게를 하나 차렸다 칩
시다. 그러면 그 사람은 내 가게의 직원입니까, 아닙니까?"
"그거야 당연히 아니지요."
"그런데 내가 형편이 어려워 가게 문을 닫고 그 직원이 차
린 가게에 들어가 일을 하는 처지가 되었어요. 그러면 어
떻게 해야 하겠습니까?"

"……."

"아직도 옛날 생각에 사로잡혀 '왜 내가 가르쳐준 대로 일을 안 하나', 또 '저건 저렇게 하고 이건 이렇게 해야지' 하면서 못마땅해하면 되겠습니까?"

"……."

"지금은 딸과 사위가 주인이고, 내가 직원인 셈입니다."

"아! 네."

부부싸움

•

•

저희 아버지는 젊었을 때 끊임없이 여자 문제로 어머니 속을 썩였습니다. 그런 아버지가 지금은 힘이 떨어져 집에만 있으면서 어머니께 잔소리를 해대니 어머니가 하루도 편할 날이 없다고 합니다. 찾아뵐 때마다 어머니 하소연 듣느라 스트레스를 받아 너무 괴롭습니다.

•

"옆집의 부부가 부부싸움을 해도 스트레스를 받습니까?"
"조금 시끄러운 거 빼고는 제가 스트레스 받을 일이 뭐 있나요?"
"옆집 아줌마가 남편이 자기를 힘들게 한다고 하소연해도 그렇게 괴롭겠습니까?"
"……."
"남이야 부부싸움을 하든 말든 그게 나랑 뭐 그렇게 상관이 있을까요?"

"아······!"

천국과 지옥

·

·

아내는 분노 조절을 못합니다. 그걸 모르고 결혼해서 서로 지옥처럼 힘든 삶을 살고 있습니다. 스님, 마음이 편안해질 수 있는 명심문 하나만 주세요.

·

"결혼도 안 한 스님한테 물으면 제가 뭐라고 대답을 할까요?"

"······."

"저는 그런 아내라도 있으면 좋겠네요."

"네?"

"지금 사는 게 지옥이라고 했지요?"

"네, 하루하루가 지옥 같습니다."

"지옥을 천국으로 만드는 명심문이 두 개 있어요. 마음에 드는 걸로 하나 고르세요."

"아, 뭔지 궁금하네요."

"하나는, 그래도 죽고 없는 것보다는 낫다."

"……."

"또 하나는, 천국에 가서 혼자 사는 것보다는 그래도 지옥
에 가서 둘이 사는 게 낫다."

"……."

"둘 다 마음에 안 들면 헤어지세요."

"아! 알겠습니다. 마음이 바로 가벼워졌습니다."

100퍼센트

·

·

저는 중학교 때 만나서 20년 넘은 지금까지 아주 친하게 지내는
친구가 있습니다. 그런데 얼마 전 그 친구에게 크게 실망하는 일
이 생겨서 관계를 끊어야 하나 고민이 됩니다.

·

"혹시 금반지 갖고 있어요?"

"네, 5년 전에 선물로 받은 반지가 하나 있습니다."

"100퍼센트 금이에요?"

"스님, 저는 100퍼센트 금은 없는 걸로 알고 있어요. 그리
고 제가 선물로 받은 건 18K 금입니다."

"그래요? 그럼 그거 순금이 아니니까 버려야 할까요?"

"아뇨, 그걸 왜 버려요?"

"아니, 순금도 아닌데 왜 가지고 있어요? 이물질이 섞인 가
짜잖아요?"

"스님, 18K도 금이에요."

"당신은 지금 20년이나 된 친구를 순금이 아니라고 버리
겠다고 하잖아요"

"아! 제가 잘못 생각했습니다."

밤송이

•

•

부하직원 중에 똑똑하고 일을 아주 잘해서 회사에 꼭 필요한 친구가 한 명 있습니다. 그런데 말투가 날카롭고 직설적이라 때로는 상사인 저를 오히려 꾸짖는 듯해서 많이 불편합니다.

•

"여기 크고 튼실한 밤송이가 있는데 가시가 너무 많아요. 어떻게 하시겠습니까?"
"밤을 먹고 싶으면 손이 좀 찔리더라도 밤송이를 까야 합니다."
"가시에 찔리는 게 싫으면 어떻게 해야 합니까?"
"먹고는 싶지만 찔리기 싫으니까 남에게 주거나 그냥 둬야죠."

"밤송이에 가시가 없다면 어떨까요?"

"누구나 먹기 좋을 것 같습니다."

"그럼 맛도 좋고 영양가도 높고 가시가 없어서 누구라도 먹기에 좋은 밤송이라면 내 앞에까지 올 수 있었을까요?"

"이미 다른 동물들이 다 먹고 없을 것 같아요."

"이제 어떻게 하시겠습니까?"

"아……네, 알겠습니다."

비가 내리는 어느 날,

탄산 스님은 도반스님과 함께 탁발을 다니다가

갑자기 불어난 개울물을 건너게 되었다.

마침 한 여인이 갑자기 불어난 개울물을 건널 수 없어서

당황해하고 있었다. 그 모습을 본 탄산 스님은

어떠한 망설임도 없이 여인을 안아 개울물을 건네주었다.

날이 어두워져 절에 도착할 때까지 한마디도 하지 않던

도반스님은 더 이상 참을 수 없어 탄산 스님께 물었다.

"출가한 승려는 여색을 가까이 하지 말아야 하네.

자네는 왜 그 여인을 안았나?"

탄산 스님이 대답했다.

"아, 그 여인 말인가?

나는 거기에 내려놨는데

자네는 여태까지 안고 왔나?"

식당 운영

●

●

제가 운영하는 식당에 직원이 한 명 있는데 일은 참 잘합니다.
하지만 저와 자꾸 부딪히니 제가 많이 힘듭니다.

●

"일을 잘하는 사람은 자기주장이 강할까요, 약할까요?"
"강하겠죠."
"직원이 당신 말은 잘 듣는데 일을 잘 못하는 게 좋아요,
아니면 자기주장은 있지만 일을 잘하는 직원이 좋아요?"
"제가 욕심이 너무 많았습니다."
"식당 운영을 잘하려면 내가 맞추면 됩니다."
"알겠습니다, 스님."

씨앗

•

•

저는 가족을 위해서 최선을 다해 왔습니다. 그런데 아내나 자식들이 자기들끼리만 어울리는 느낌을 받습니다. 가족을 위해 애쓰는 걸 알아주지 않고 저를 외면하는 가족들이 원망스럽습니다.

•

"호박씨를 이 밭에도 심고 다른 밭에도 심었습니다. 두 밭에는 뭐가 열릴까요?"

"호박씨를 심었으니 두 밭 모두 호박만 열립니다."

"호박씨와 참외씨가 있어요. 같은 밭에 호박씨도 심고 참외씨도 심었어요. 시간이 지나면 밭에는 무엇이 열릴까요?"

"호박도 열리고 참외도 열립니다."

"그럼 열매가 열리는 건 씨앗이 원인일까요, 밭이 원인일까요?"

"……네?"

부자 남편

·

·

저는 남편이 다른 건 다 좋은데 너무 인색해서 같이 사는 게 힘
들어요.

·

"어떤 점이 인색해요?"

"돈은 다 자기가 갖고, 저한테는 매달 생활비만 주거든요."

"생활비로 얼마를 주는데요?"

"조금 줍니다."

"그 조금이 얼마인데요?"

"한 달에 삼백만 원이요."

"삼백만 원이나 주는데 인색해서 힘들어요?"

"자기는 이천만 원도 넘게 돈을 벌면서 삼백만 원만 주니
까 힘들다는 거죠."

"그럼 어떤 남편이 돈을 한 달에 이백만 원밖에 못 버는데,
아내에게 백오십만 원씩 준다면 인색한 사람이에요, 좋은

사람이에요?"

"돈도 많이 벌지 못하는데 그렇게나 주면 좋은 사람이지
요."

"돈을 많이 버는데 삼백만 원을 주면요?"

"나쁜 사람이요."

"그럼 지금 남편은 돈을 많이 버는데 삼백만 원을 주니 나
쁜 사람이지만, 만약 사업이 망해서 돈을 못 벌어 나에게
백오십만 원을 주면 그때의 남편은 좋은 사람이 된다는 말
씀입니까?"

"네?"

"당신은 부자인 남편이 좋아요, 아니면 가난한 남편이 좋
아요?"

"……"

공양물

●
●

저는 제 아이를 위해서라면 뭐라도 할 준비가 되어 있습니다. 그
래서 지방에 살다가 서울로 이사를 오기도 했습니다. 하지만 실
제로 해줄 수 있는 게 제한적이어서 답답하고 힘이 듭니다. 아이
를 위해 뭘 더 해줘야 할까요?

●

"아무것도 더 해줄 게 없어요. 다 자기 좋으려고 하는 짓이
에요."
"아니, 저는 정말 제 아이를 위해 어려움을 감내하고 있다
고요."

"부처님은 피곤하다고 한 적이 없는데 불단에 비타민 음료
는 왜 올리는 거예요?"
"갑자기 무슨 말씀이세요? 저는 그런 걸 올린 적이 없는데
요."

"옛날에는 불단에 공양물로 쌀을 올리거나, 아니면 과일을 올릴 때는 사과나 배가 전부였어요."

"무슨 말씀이신지……."

"그런데 요즘엔 불단에 케이크도 올라오고, 요구르트도 올라오고, 어떤 날엔 바나나도 올라와요."

"……."

"부처님 식성이 바뀌었다는 얘기는 못 들어봤는데 왜 이렇게 된 거 같아요?"

"자기가 좋아하는 걸 공양물로 올려서 그런 거 아닐까요?"

"아이가 원한 적이 없는데 더 해주고 싶어 답답한 건 나 좋으려고 하는 거예요, 아이를 위한 거예요?"

"……!"

연애

•

•

저는 이제 막 연애를 시작했는데요, 연인에게 잘 보이고 싶어서 눈치를 너무 많이 봅니다. 어떻게 하면 당당해질 수 있을까요?

•

"돈을 받는 사람과 돈을 주는 사람 중 어느 쪽이 눈치를 보겠습니까?"

"돈을 받는 사람이 눈치를 많이 볼 것 같아요. 그런데 상대방보다 제가 더 많이 사랑을 주는 거 같은데 왜 오히려 제가 눈치를 더 보는 걸까요?"

"사랑을 받고 싶어서겠죠."

"제가 사랑하니 상대도 나를 사랑하는 건 당연하잖아요?"

"우리가 지나가다 만난 거지에게 돈을 줄 때 눈치를 봅니까?"

"아닙니다."

"그렇다면 내가 상대에게 돈을 빌려줄 때는 어떻습니까?"

"당연히 따져봐야죠."

"잘 보이고 싶어 눈치를 보는 것은 결국 더 많은 것을 받아
내겠다는 이자놀이 같은 거네요?"

"네?"

소통

·

·

저는 직장을 그만두고 부모님과 함께 살고 있습니다. 그런데 부
모님과 살면서 소통이 되지 않고 부딪치기만 해서 무척 고민입
니다.

·

"소통은 상대가 내 말을 잘 들어주는 거예요, 내가 상대 말
을 잘 들어주는 거예요?"

"상대가 내 말을 잘 들어주는 거지요."

"가뭄에 시든 장미꽃을 살리고 싶으면 어떻게 해야 합니
까?"

"장미에 물을 줘야겠지요."

"그런데 꽃을 빨리 보고 싶다고 해서 내가 좋아하는 음식
을 주면 어떻게 될까요?"

"세상에 그런 바보 같은 사람이 어디 있나요?"

"당신은 부모님 얘기를 들어주고 있어요, 아니면 내가 하고 싶은 얘기만 하고 있어요? 장미가 무엇을 원하는지 잘 들어보세요. 그러면 시간이 지나 꽃은 저절로 핍니다."
"아, 제가 어리석었습니다."

등산 장비

·

·

저는 남편, 어린 딸과 함께 외국에 나와서 생활하고 있습니다. 그리고 지금 공부를 하고 있는데 엄마 역할도 해야 합니다. 남편이 나름대로는 도와준다지만 한계가 있어 많이 힘듭니다. 더군다나 영어로 하는 수업에 스트레스가 아주 심합니다. 어떻게 해야 할까요?

·

"다시 돌아가면 됩니다."
"하지만 소중한 기회를 놓치고 싶지는 않습니다."
"그러면 여기서 공부하면 됩니다."
"스님의 말씀이 잘 이해되지 않습니다."

"설악산 정상까지 올라가고 싶은 사람이 있는데 중간쯤 가니 너무 힘들어요. 그러면 이 사람은 올라가야 합니까, 아니면 내려와야 합니까?"

"이제 이해가 되었습니다. 하지만 남편이 지금보다는 조금만 더 저를 도와주면 덜 힘들 것 같아요."

"더 도와달라고 해보세요."

"자기도 더 이상은 힘들대요."

"힘든 남편이 당신을 더 돕다가 병들거나 죽는 게 나아요, 아니면 안 도와줘도 좋으니 건강한 게 좋아요?"

"건강한 것이요."

"설악산에 올라가려면 무엇이 필요합니까?"

"등산화, 등산복 같은 등산 장비들이 필요합니다."

"내 마음에 드는 등산 장비를 구비하지 못해서 등산이 힘들다고 하면 내려가야 합니까, 올라가야 합니까?"

"네, 알겠습니다."

중매결혼

스님, 저는 결혼한 지 10년이 좀 넘었습니다. 중매결혼을 했는데 제가 원해서 한 결혼이 아니어서인지 결혼 생활이 행복하지 않습니다. 마음을 어떻게 다스려야 할까요?

"원하지 않는 결혼이라서 행복하지 않다는 건 왜 그럴까요?"

"남편에게 불만이 조금이라도 생기면 억지로 한 결혼이라서 이런 일이 생겼다는 마음이 들어서 더 그런 것 같습니다."

"사랑하는 사람과 원해서 결혼한 사람은 모두 행복하겠군요?"

"네? 아뇨, 그렇지는 않은 것 같습니다."

"결혼을 하고 싶어서 결혼했으면 행복해야 하는데 왜 그럴까요?"

"글쎄요, 원해서 한 결혼이라 바라는 게 많아서 그럴 것 같습니다."

"그럼 원하지 않아서 한 결혼이니까 바랄 것이 전혀 없겠네요?"

"네?"

"바라는 게 아무것도 없었다면 하는 일마다 고맙게 느껴지지 않을까요?"

"아! 알겠습니다."

빈손

∙
∙

아들이 하나 있는데 나이가 서른이 넘도록 하는 일 없이 허송세
월만 보내고 있습니다. 오랜 기간 믿고 기다렸지만 지금은 많이
힘듭니다. 스님, 어떻게 해야 제 마음도 편하고 자식에게도 도움
이 될까요?

∙

"내가 먼저 빈손이 되어야 합니다."
"무슨 말인지 잘 모르겠습니다."
"자기가 무거운 짐을 들고 있다면 옆의 사람을 도울 수 있
을까요?"
"제가 무거운 짐을 들고 있다는 말씀인가요?"
"방금 자식 때문에 많이 힘들다고 하지 않았습니까?"
"부모니까 자식 때문에 힘든 건 당연하지 않을까요?"
"길에 넘어진 아이는 부모가 달래면 더 심하게 울지만 부
모가 없으면 혼자 일어섭니다."

"네……?"

"서른이 넘은 아들을 지금도 신경 쓰는데 그게 짐이 아닌
가요?"

"……네."

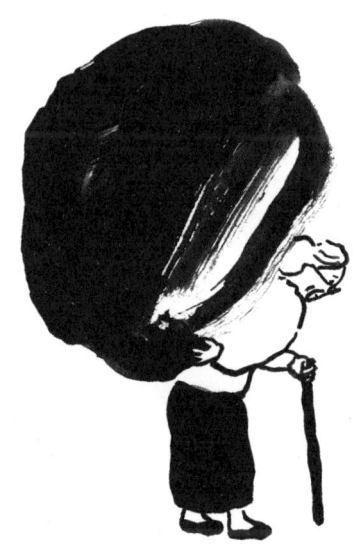

트라우마

∙

∙

6년 전에 근무한 중학교에서 우리 반은 아니었지만 학생 한 명이 왕따를 당해 자살을 한 일이 있었습니다. 당시의 아이들이 다 졸업했는데도 그 학생 생각이 많이 납니다. 그 일 이후 《금강경》도 꾸준하게 읽고 마음 수련을 하고 있지만 잊을 만하면 자살한 학생이 생각나곤 합니다.

∙

"유산으로 아이를 잃고 힘들어하는 사람에게 '당신의 아이가 지금 구천을 떠돌며 울고 있으니 천도재를 지내 달래줍시다'라고 하는 것과 '유산한 것을 참회한다면 아이를 낳고도 제대로 키우지 못하는 수많은 부모를 위해 가난한 아이를 도웁시다'라고 하는 것 중 어떤 게 죄책감과 괴로움을 극복하는 길일까요?"

"천도재를 지내자고 하면 아이 잃은 슬픔을 되새기고 상처를 크게 할 것 같아요."

《금강경》을 읽고 마음 수련을 하는 것과, 지금 가르치는 학생들을 더 잘 살피고 상담하는 것 중 어떤 게 선생님이 가지고 있는 트라우마를 극복하는 데 도움이 될까요?"

"……."

"넘어지면 앉아서 울지 말고 일어나서 가던 길을 가야 합니다."

"잘 알겠습니다."

고집

．

．

우리 남편은 고집이 너무 셉니다. 스님의 법문을 들으면 남편의 고집이 조금은 꺾일 것도 같은데, 이 사람을 절에 데려올 방법이 없을까요?

．

"있지요."

"어떻게요?"

"남편의 고집을 꺾겠다는 당신 고집을 내려놓으면 가능합니다."

"내 고집을 내려놓으라구요?"

"결혼 생활은 몇 년 됐어요?"

"20년이요."

"그럼 20년 동안 남편의 고집을 꺾으려고 싸우기도 많이 하고, 이것저것 시도도 많이 해봤겠네요?"

"네, 맞아요."

"그래서 남편이 좀 변했어요?"

"아니요, 그러니까 여기라도 데려오면 좀 바뀔까 싶어 방법을 여쭤보는 거예요."

"남편 고집이 셀까요, 아니면 고집 센 남편의 고집을 꺾겠다고 20년간 고집하고 있는 당신이 더 고집 셀까요?"

"아……."

아이들 싸움

●
●

중학생과 고등학생 남매를 둔 엄마입니다. 아이들이 초등학교
때부터 너무 많이 싸워서 걱정입니다. 제가 그만두라고 해도 계
속 싸우다가 제가 언성을 높이고 소리를 질러야 겨우 멈춥니다.
아이들이 싸울 때 어떻게 하면 좋을까요?

●

"형제끼리는 싸우는 게 좋습니까, 안 싸우는 게 좋습니
까?"
"저는 아이들이 사이좋게 지내면 좋겠습니다."
"엄마가 아이들과 싸우는 게 좋을까요, 싸우지 않는 게 좋
을까요?"
"저는 아이들 각자와는 사이가 너무 좋은데요?"

"아이들이 싸울 때 고함지르는 건 싸우는 건가요, 아닌가
요?"

"네? ……."

"엄마도 조용히 못하고 고함 지르는데 아이들은 어떨까요?"

"아…… 그렇군요, 스님."

자유인

·

·

중고등학교 때 왕따를 당해서 사람을 사귀는 게 힘이 들어요. 요즘은 마음을 열고 친구를 사귀려고 합니다. 하지만 여전히 친구를 깊이 사귀지 못하는 것 같습니다.

·

"사람을 사귀는 데 깊게 사귀거나 얕게 사귀는 건 없습니다. 사람을 만나는 데는 수만 종류의 만남이 있을 뿐입니다. 가볍게 만나고 마는 사람도 있고, 마음이 통해서 깊이 이야기를 나누는 사람도 있는 거죠."

"그래도 사람들과 만나려면 어떻게 해야 할까요?"
"만나지면 만나고, 안 만나지면 안 만나면 됩니다."
"요즘은 친구를 사귀려고 하는데 잘되지 않아요."
"사귀려고 욕심을 내니까 힘드는 것입니다."
"가만히 있으면 친구가 없잖아요."

"어떤 사람은 나와 얘기하고 싶기도 하고 어떤 사람은 불편해서 피할 수도 있습니다."

"네……."

"어떻게 반응하든 그건 그 사람의 자유일까요, 아닐까요?"

"그 사람의 자유입니다, 스님."

"당신 역시 자유인입니다."

"……."

"사람을 만나는 데는 여러 가지 만남이 있고, 나도 그들도 자유롭게 만나면 됩니다."

쓰레기 봉지

•

•

저는 회사에서 동료들과도 잘 지내며 즐겁게 일하고 싶습니다. 그런데 직위가 높은 상사 중에서 막말을 하는 분이 있어서 마음이 위축되고 종일 그 말이 생각나서 괴로워요. 저도 상처받지 않으려고 차갑게 대하게 되고요. 동요하지 않고 즐겁게 직장생활을 할 방법이 있을까요?

•

"누가 나한테 웬 봉지를 던져줘서 선물인 줄 알고 얼른 받았습니다. 그런데 열어보니 쓰레기가 가득했어요. 그러면 그 봉지를 어떻게 해야 합니까?"

"버려야죠."

"받기 전에 이미 쓰레기인 줄 알고 안 받았다면 그 봉지는 누구 겁니까?"

"봉지를 저에게 던진 사람 거요."

"지금 당신은 어떻게 하고 있는 거예요?"

"예?"

"지금 막말의 쓰레기 봉지를 받아 계속 품고 다니며 때때
로 열어보면서 쓰레기 냄새 때문에 죽겠다고 하잖아요."

"아!"

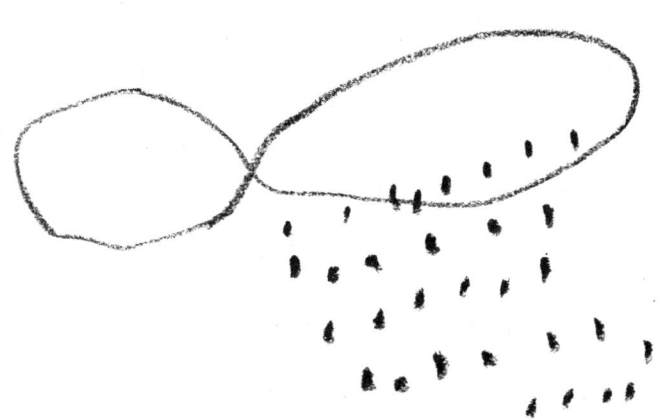

온 천하에 명성이 자자한 한 장군이
마음의 평안에 이르는 공부에 뜻을 두게 되어
어느 날 선사를 찾았다.
"만약 지옥과 극락이 있다면 어디에 있는가요?
그 길을 일러주십시오."
장군의 득의만면한 모습을 흘깃 쳐다본 선사는
얼굴도 보지 않고 빈정거리듯 말했다.
"어디 꼭 소도둑놈처럼 생겨 무슨 공부를 하겠는가?"
뭇 사람들의 존경을 받고 있는 자신에게
엄청난 무례를 범하는 선사의 이 말 한마디는
그의 마음과 자세를 한순간에 흐트러 놓았다.
"이 늙은이가 도를 모르면 모른다고 할 것이지
죽고 싶어 함부로 입을 놀리는가?"
화가 머리끝까지 치솟은 장군은 허리에 차고 있던
큰칼을 뽑아들고 선사의 목을 향해 내리치려 했다.
그 순간 선사는 장군의 눈을 바라보며 말했다.
"바로 여기가 지옥이오."

일순간 장군은 자신의 경솔함을 깨닫고
선사의 가르침에 눈을 뜨게 되었다.
불같던 화는 온데간데없이 사라지고
참회의 마음으로 가득 찬
그는 정중하게 선사에게 예를 올렸다.
양처럼 순해진 장군을 보면서
선사는 빙긋이 웃으며 말했다.
"지금 여기가 극락이네."

장작불

•
•

사춘기가 된 아들이 자꾸만 엄마인 저와 거리를 두려고 합니다.
저도 상처받지 않고 아이도 만족스러울 방법이 있을까요?

•

"여름이 오려고 하는데 장작을 겨울만큼 때니 아들이 덥다
고 하는 게 당연하지 않겠습니까?"

"무슨 말씀인가요?"

"한겨울에 하루 열 개의 장작을 땠다면, 3월이 되어서 날
씨가 풀리면 계속 열 개를 때야 합니까, 아니면 장작 개수
를 줄여야 합니까?"

"줄여야 합니다."

"7월이 되면 어떻습니까?"

"아예 안 때야 합니다."

"아들은 지금 어느 때에 있는 것 같아요?"

"네?"

"여름에 가까운데 계속 겨울처럼 불을 때시겠습니까?"

"……."

"어릴 때는 따뜻하게 보살피는 게 사랑이고, 사춘기 때는
지켜봐 주는 게 사랑이고, 성년이 되면 정을 끊어주는 게
사랑입니다."

좋은 사람

•

•

저는 곧 사회생활을 시작하는데 제 주변엔 늘 좋은 사람들만 있
었으면 좋겠습니다. 어떻게 하면 그렇게 될 수 있을까요?

•

"복숭아 좋아해요?"

"네, 좋아합니다."

"그렇다면 학생처럼 복숭아를 세상 모든 사람들이 다 좋아
할까요?"

"아닙니다."

"된장찌개 좋아해요?"

"아니요, 저는 외국에서 나고 자라서 된장 냄새가 싫습니
다."

"그렇다면 사람들은 전부 된장 냄새를 싫어합니까?"

"그건 아닙니다."

"내가 좋아하는 사람을 세상 사람들이 다 좋아합니까?"

"아닙니다."

"내가 싫어하는 사람을 세상 사람들이 다 싫어합니까?"

"그것도 아닙니다."

"어떤 사람이 좋은 사람이에요?"

"네?"

"좋은 사람, 나쁜 사람이 따로 없고 그냥 사람일 뿐입니다. 다만, 내가 좋아하면 나에게는 좋은 사람이 되고, 내가 좋아하지 않으면 나에게는 나쁜 사람이 됩니다."

훈계

•

•

나이가 오십이 넘어가면서 말이 점점 많아지고 상대방과 얘기를
할 때 자꾸 훈계하고 가르치려고 하는 게 느껴집니다. 이걸 누르
는 좋은 방법이 없을까요?

•

"누르면 터질 텐데요. 눌렀다가 한꺼번에 터지면 피해가
더 크죠."

"……?"

"그런데 우리가 알면 얼마나 알까요? 우주 천지에 우리가
알아야 할 게 1억 개라면 우리가 아는 건 어느 만큼이나 될
까요?"

"하나만큼이나 될까요?"

"그래요, 하나만큼도 안 됩니다. 그러니 '가르치려고 하지
않겠다'라고 결심하지 말고, '나는 아는 게 없다' 이렇게 생
각하세요. '아는 게 없다'라고 생각하면 말도 적어지고 주

장도 적어지고 느낀 대로 가볍게 말하게 됩니다."

"······."

식물원의 꽃

.

.

스님, 마음에 들지 않는 직장 동료 때문에 스트레스를 많이 받고 있습니다. 어떻게 해야 할까요?

.

"직장을 그만두면 됩니다."
"어렵게 구한 직장이라 그만둘 수가 없습니다."
"그러면 부서를 바꾸면 됩니다."
"이 부서의 일이 제 전공이라 바꿀 수가 없습니다."
"그 사람을 다른 부서로 보내면 됩니다."
"회사에서 그렇게 하지 않습니다."
"그냥 다니세요."

"네, 알겠습니다. 그러면 그 사람을 어떻게 대하면 될까요?"
"식물원에 가면 별의별 꽃이 다 있는데 전부 내 마음에 드는 꽃만 있겠습니까?"

"그렇지 않습니다."

"그럼 뽑아버리면 되겠군요?"

"우리 집도 아닌데 그렇게 할 수 있습니까?"

"그럴 때는 어떻게 해야 합니까?"

"그냥 무심히 한번 보고 지나가면 되지 않을까요? 아……,
알겠습니다!"

똥 묻은 개

·

·

저는 결혼한 지 얼마 안 되었는데요. 남편은 능력도 있고 결혼 전에는 저를 늘 먼저 챙겨주었습니다. 남편의 그런 모습에 반해 결혼했습니다. 그런데 지금은 그런 모습은 찾아볼 수도 없고, 오히려 너무 자기 생각만 하고 이기적이라 경멸스럽습니다. 어떻게 하면 좋을까요?

·

"먹던 생선에 아직 살이 많이 붙어 있어 고양이 주기엔 아까운가 보네요."
"네?"
"그런 남편이라면 당장 헤어지면 되지, 왜 아직 같이 살아요?"
"……."
"경멸스럽기까지 한 남편이랑 그래도 더 살고 싶으니까, 여기까지 와서 물어보는 거 아니겠어요?"

"네, 솔직히 그래요."

"남편을 경멸한다면서도 더 살고 싶다는 건, 그래도 얻어먹을 게 있다는 얘기잖아요?"

"스님, 말씀이 너무 지나치신 거 같아요."

"만약에 결혼 전 연애하는 남자가 능력도 없고, 인물도 별로고, 나한테 자상하지도 않았으면 당신은 결혼을 했겠어요?"

"……."

"지금도 여전히 얻어먹을 게 남아 있으니까 고민이 되지, 아니면 나한테 묻지도 않고 헤어졌을 거 아니에요? 당신도 똑같이 이렇게 이기적이잖아요. 똥 묻은 개가 겨 묻은 개 나무란다는 말이 있지요."

"스님, 제가 정말 어리석었습니다."

민원인

·

·

저는 민원을 처리하는 공무원입니다. 그런데 매일 사람들에게
시달려서 스트레스가 너무 심합니다. 어떻게 마음을 먹어야 스
트레스를 받지 않고 편안하게 일할 수 있을까요?

·

"민원인을 향해 이렇게 기도하세요. '당신이 나를 먹여 살
리고 있습니다.'"
"네?"

"학생이 없으면 선생님이 존재할 이유가 있습니까?"
"아, 당연히 학생이 없다면 선생님도 필요가 없겠지요."
"민원인이 없으면 당신은 직장을 잃게 됩니다. 그러니 감
사 기도를 해야 하지 않을까요?"
"아…… 네."

반복

·
·

저는 직장을 다닌 지 10년이나 되었습니다. 그런데 늘 같은 사람을 만나고, 같은 일이 반복되는 삶이 너무 지겨워요.

·

"새로운 일은 서툴고, 새로운 사람은 낯설어서 힘들다고 합니다. 반복되는 일은 지루하고, 같은 사람은 지겨워서 싫다고 해요. 하지만 새로운 일과 사람은 새로워서 좋고, 늘 하던 일과 늘 만났던 사람은 익숙해서 좋습니다."
"아하! 네."

흑암천 黑闇天

.

.

8년 전 이혼하고 아이 둘을 키우고 있는데요, 4년 전 한 남자를
만났습니다. 그 사람의 아들을 키워주는 어머니가 재혼을 반대
해서 미워하는 마음이 생깁니다.

.

"질문자는 심보가 더럽네요."

"네?"

"좋은 것만 취하고 싫은 건 내다 버리고 싶어하잖아요."

"……"

"얼굴만 갖고 싶다고 해서 손발을 잘라낼 수 있어요?"

"아닙니다."

"미워할 하등의 이유가 없습니다. 내가 원하는 것만 가지
고 싶은데 그게 안 되니까 미워하는 마음이 드는 겁니다."

"경전에 '공덕천功德天과 흑암천黑闇天' 이야기가 있어요.

공덕천이라는 미인을 받아들이려면 흑암천이라는 못생긴 여성도 같이 받아들여야 한다는 얘기예요.”

“…….”

“지혜로운 자는 둘 다 받아들이고, 어리석은 자는 공덕천만 받아들인다고 합니다.”

“네, 잘 알겠습니다.”

결혼 상대

•

•

저는 무능력하고 폭력적인 아버지 밑에서 자랐습니다. 그래서
결혼 상대로 아빠 같은 남자를 만나지 않는 게 인생 목표입니다.

•

"그런데 그럴 가능성이 더 높아요."
"네?"
"아예 아버지 같은 사람을 만나서 그 남자를 잘 보살피는
사람이 되면 어떨까요?"
"……."

"똥은 아주 더러운 것이라고 생각하고 똥을 피하는 사람이
있습니다. 이 사람은 어떻게 해야 하겠습니까?"
"내 몸에 똥이 안 묻게 조심하거나, 아니면 똥이 없는 곳에
만 있거나 할 것 같습니다."
"그러면 늘 똥을 피해 다녀야겠네요?"

"그래야죠."

"당신이 무슨 죄를 지었기에 늘 똥을 피해 다녀야 하죠?"

"그럼 어떡해요?"

"똥을 거름으로 만들면 되죠. 똥이 없으면 없어서 좋고, 똥이 있으면 거름 만들어 좋고, 어디든 자유로이 다닐 수 있죠."

"네, 알겠습니다."

미끼

⋅

⋅

사람을 사귈 때 좋은 사람, 나쁜 사람을 어떻게 구별할 수 있을
까요?

⋅

"그렇게 구분 지으면 나쁜 사람을 만날 확률이 높습니다."
"네?"

"사귀고 싶은 좋은 사람이란 어떤 사람을 말해요?"
"저만 사랑해주고, 저한테 잘해주는 남자요."
"그러니까 나한테 이득이 되는 사람을 말하는 거네요?"
"네."

"우리가 낚시할 때 물고기가 좋아하는 미끼를 걸어요, 아
니면 싫어하는 걸로 걸어요?"
"좋아하는 거요."

"그러면 결과적으로 물고기한테 그 미끼가 좋은 거였어요, 나쁜 거였어요?"

"나쁜 거요."

"그래서 결혼하면 다들 '이럴 줄 몰랐다' 하면서 후회합니다."

"아, 그럼 어떻게 사람을 사귀어야 할까요?"

"좋은 걸 먹으려고 하니 미끼를 물게 되는 거잖아요?"

"그럼 아무나 사귀라는 말씀인가요?"

"좋은 사람 만나 덕을 보려고 하지 말고, 내가 상대에게 덕이 되려는 마음을 내면 누구를 만나도 잘 살 수 있습니다."

"네, 알겠습니다."

대인관계

•

•

저는 사회 생활을 하면서 대인관계에 고민이 많습니다. 사람들
과 잘 지내다가도 시간이 지날수록 사람들과 관계가 멀어집니
다. 다른 사람들이 저를 싫어하는 것처럼 느끼면 저도 사람들이
싫어집니다.

•

"강아지 좋아해요?"

"네, 강아지 너무 좋아합니다."

"뱀은 좋아해요?"

"아뇨, 전 뱀은 생각만 해도……."

"뱀을 좋아하는 사람이 있으면 그 사람을 비난해도 돼요?"

"아뇨, 그건 그 사람의 취향일 뿐인걸요."

"다른 사람들이 자기를 싫어한다고 말하는 걸 들었어요?"

"아뇨. 직접 말하지는 않았어요."

"다른 사람의 마음을 읽었어요, 아니면 안다는 생각일까

요?"

"저 혼자의 생각인 것 같습니다."

"한 사람이 어떤 사람을 좋아하지 않는다면 그걸 비난해야
할까요?"

"그 사람 생각은 그의 자유니까 그럴 수는 없습니다."

"그럼 그 사람의 문제가 아니면 대체 누구의 문제인 거
죠?"

"아! 네……."

조직 생활

·

·

저는 열심히 노력해서 남들이 부러워할 만한 직장에 들어갔습니다. 회사에서는 실력만으로 평가받고 싶은데, 지내다 보니 조직 생활에서의 평가 기준은 따로 있는 것 같습니다. 하지만 저는 남의 눈치 보면서 살고 싶지는 않아서 괴롭습니다.

·

"한여름 집에 혼자 있을 때는 다 벗고 있어도 되겠지요?"
"물론입니다."
"그런데 덥다고 밖에서도 다 벗고 다니면 어떻습니까?"
"그건 안 됩니다."
"집에 혼자 있을 때는 되는데 그건 왜 안 됩니까?"
"세상은 저 혼자 사는 곳이 아니니까요."
"직장에 출근할 때 세수를 합니까?"
"네, 당연히 하고 출근합니다."
"일만 잘하면 되는데 세수는 뭐 하려고 합니까?"

"그건 사람에 대한 기본 예의 아닌가요?"

"일만 잘하면 되지, 왜 그렇게 남의 눈치를 봅니까?"

"아, 알겠습니다, 스님."

하숙집 주인

•

•

사춘기 아들과 소통에 어려움을 느낍니다. 아들과 거리를 두려면 하숙집 주인 역할을 해야 하는 게 맞는데, 너무 방임하는 것은 아닌지 걱정도 됩니다.

•

"하숙집 주인 역할을 해야 한다니, 마음씨 좋은 하숙집 주인이면 되겠네요."

"……네."

"하숙집 주인은 좋은 마음으로 관여하지만 지나치게 간섭은 하지 않으니 그런 마음으로 아들을 대해주세요."

"네, 알겠습니다."

"아들과 소통이 안 되는 까닭은 무엇일까요?"

"제가 말을 하면 무조건 짜증을 내고 안 들으려고 하니 그렇습니다."

"소통은 상대방이 내 말을 잘 듣는 걸까요, 내가 상대의 얘기를 잘 들어주는 걸까요?"

"아! 네……."

"무조건 듣는 게 아니라 아이의 마음이 어떤 상태에 있는지 들어주는 거예요. 듣고 나서 필요하면 엄마의 의견을 말할 뿐 선택은 아이의 몫입니다."

기둥 나무

저는 결혼 생활이 많이 힘들었습니다. 그래서 결혼할 나이가 되어 가는 제 딸만큼은 좋은 남편을 만날 수 있게 제가 뭐라도 도움이 되고 싶습니다.

"헤엄을 못 쳐 자기 자신도 물에 빠져 허우적대는 사람이 다른 사람을 건져줄 수 있습니까?"

"아, 알겠습니다. 그러면 다른 건 필요 없으니 마음만이라도 맞는 사람을 만났으면 좋겠습니다."

"저 산에 많고 많은 나무 중에 기둥하기 딱 좋은 나무가 따로 있습니까?"

"무슨 말씀이신지요?"

"어떤 집에 기둥이 되려면 나무를 집에 맞게 다듬어야 하겠습니까, 아니면 집을 나무에 맞춰야 하겠습니까?"

"아……!"

4장

한걸음씩, 나아갑니다

깨달음과 보살행은
가장 나쁜 일조차 좋은 일로 만듭니다.
재앙이 복인줄 압니다.
보살에게는 좋은 일도 나쁜 일도
복덕도 재앙도 따로 없습니다.
그런데 사람들은
자신이 원하는 일만 일어나는 게
부처님의 가피인줄 압니다.
나쁜 일조차도 부처님의 가피인 줄 알면
모든 행에 걸림이 없는 자유로운 삶이 열립니다.

번뇌

•

•

스님, 저는 수행을 한 지 꽤 되었습니다만 하루에도 몇 번씩 근심, 걱정하는 마음이 일어납니다. 어떻게 하면 이런 부정적인 마음들을 없애고 완전한 깨달음을 얻을 수 있겠습니까?

•

"파도가 치지 않는 바다를 본 적이 있습니까?"

"없습니다."

"파도가 없어야 바다입니까, 아니면 파도가 있는 그대로 바다입니까?"

"파도가 있는 그대로 바다입니다."

"구름이 없어야 하늘입니까?"

"그렇다면 부정적인 마음들을 평생 가지고 살라는 말씀인가요?"

"파도는 일어났다 사라지는 것이고, 구름은 저대로 흘러가는 것입니다. 그런 줄 알면 근심 걱정도 사라집니다"

욕심과 원

•

•

저는 하려던 일이 기대와 달리 잘 이뤄지지 않으면 스트레스를 많이 받습니다. 스님은 하시는 일이 저와는 비교가 안 될 정도로 많으신데, 일이 뜻대로 되지 않을 때 마음을 편안하게 유지하는 비법이라도 있나요?

•

"욕심으로 하면 스트레스를 받겠지만, 원願으로 하면 그렇지 않습니다."

"욕심과 원은 어떻게 다른가요?"

"바라던 것이 이루어지지 않았을 때 괴롭거나 좌절하면 그것은 욕심입니다. 원을 가진 사람은 실패했을 때 괴로워하지 않고, 왜 실패했는지 원인을 규명하고 다시 해봅니다. 그래서 시간이 지나면 능력이 점점 커집니다. 그래서 원력 보살願力菩薩이라 하지요."

부처님 마음

 •

 •

스님, 제가 고3 손녀딸의 대학입시 합격을 위해 지성으로 부처
님께 기도를 드리고 있습니다.

 •

"그런데요?"
"기도 성취가 안 될 것 같아요."
"왜요?"
"손녀딸이 교회에 다니거든요."

"아이고, 걱정하지 마세요. 아무렴 부처님 마음이 할머니
마음 같을까요?"
"……."
"부처님 같으신 분이 어린 학생이 절에 가는지 교회 가는
지 따지겠어요?"
"아……!"

장사

.

.

새로 음식점을 시작했는데 장사가 너무 안돼서 고민입니다. 절에 시주도 하고 기도도 올리면 좀 나아지겠습니까?

.

"수영을 못하는 사람이 돈을 내고 기도를 하면 수영을 잘할 수 있습니까?"
"아닙니다."
"장사하는 사람이 돈 내고 기도해서 돈을 벌 수 있다면 절이나 교회에 안 나가는 사람은 전부 장사가 망하겠습니다."

"감사합니다, 스님. 괜히 절에 돈을 갖다줄 뻔했습니다."
"그렇게 이해관계에 민감한 것을 보니 당신 음식점이 왜 잘 안 되는지 이유를 알 것 같습니다."
"네?"

"절에는 조건 없이 보시합니다. 무주상보시의 공덕은 한량이 없습니다."

"……네."

기도

.

.

고3 아들이 원하는 대학에 합격하라고 영험하다는 절을 돌아다
니며 부처님께 기도를 드린 지 1000일이 다 되어갑니다. 하지만
합격이 안 될까 봐 걱정이 많이 되고 불면증도 생겨서 스님을 찾
아왔습니다.

.

"어디에서 '예수천국 불신지옥'이라고 외치며 십자가를 들
고 돌아다니는 사람을 본 적이 있습니까?"
"네, 가끔 본 적이 있습니다."
"나를 안 믿으면 지옥에 보낸다고 하면 예수님이에요, 아
니면 좁쌀영감이에요?"
"그래서 저도 결혼 전에는 교회를 다니다가 그런 모습에
회의를 느껴서 지금은 부처님을 믿고 있습니다."
"나한테 천일기도를 했다고 실력 있는 다른 아이 하나 떨
어뜨리고, 실력 없는 당신 아이 붙여준다면 그게 부처님이

에요, 입시 브로커예요?"

"……."

수행

.

.

스님, 나이가 들어갈수록 사는 게 괴롭게 느껴집니다.

.

"무엇 때문에 괴롭습니까?"

"이렇게 살아서는 안 된다고 생각할 때 가장 괴롭습니다. 제 나이가 벌써 육십이 다 되어갑니다. 더 늙기 전에 부지런히 수행해야 할 텐데, 이렇게 하루하루를 허송세월하고 있다고 생각하니 참으로 한심하고 괴롭습니다."

"이렇게 허송세월하며 사는 건 무엇이고, 이렇게 살지 않는 것은 또 무엇입니까?"

"이렇게 사는 건 돈을 벌며 세상살이하는 것이고, 이렇게 살지 않는 것은 수행을 하는 것입니다. 수행을 제대로 못해서 그게 너무 괴롭습니다."

"수행을 제대로 못해서 괴롭다고요?"

"네."

"수행이 무엇입니까?"

"괴로움에서 벗어나는 것입니다. …… 아!"

모순

.

.

불교에서는 나를 버리고, 내 것을 버리고, 내 고집을 버리라고 하면서 다른 한편으로는 내 삶의 주인으로 당당하게 살라고 합니다. 나를 버리는 것과 내 삶의 주인으로 사는 건 서로 모순이라는 생각이 듭니다.

.

"돈에 집착하는 사람은 돈이 많은 사람 앞에서 어떨까요?"
"비굴한 모습을 보일 것 같습니다."
"돈이 없는 사람이 앞에 있다면 어떨까요?"
"거만하게 굴 것 같아요."
"돈에 대한 집착을 놓아버리면 돈이 많거나 돈이 없는 사람 앞에서 어떨 것 같습니까?"
"돈이 많은 사람 앞에서도 비굴하지 않고, 돈이 없는 사람 앞에서도 교만하지 않겠지요. 그러면 상대를 대하는 데 크게 개의치 않고 자유로울 것 같습니다."

"돈에 집착하고, 자기 의견을 고집하고, 내 마음대로 하고
싶으면, 그것으로부터 자유로울까요?"

"아닙니다."

"자유롭지 못하면서 삶의 주인이 될 수 있을까요?"

"잘 알겠습니다."

집착

·

·

스님, 저는 음악 듣는 것을 좋아합니다. 가끔 음악에 빠져있다 보면 이것이 불교에서 말하는 집착이 아닌가 하는 생각이 들 때가 있습니다.

·

"음악에 빠져서 듣는 것은 집착일까요, 아니면 집중일까요?"
"어느 하나에 몰두한다는 점에서 비슷한 것 같은데 뭐가 다른지 잘 모르겠습니다."

"결과가 나쁜데도 멈출 수가 없으면 집착이고, 결과가 나쁜 줄 알고 언제든지 멈출 수가 있으면 집중입니다."

분별심

•

•

저는 불교대학에 다니면서 많은 것을 공부하고 있습니다. 최근
에 분별심을 내려놓으라는 내용을 듣고는 궁금한 점이 생겼습니
다.

•

"어떤 점이 궁금한가요?"

"사람이나 사물에 대해 분별심을 갖는다는 것과 분석을
한다는 것이 비슷한 말처럼 생각되고 잘 구분되지 않습니
다."

"우리가 사람이나 사물에 대해 생각할 때 머리가 아프면
시비 분별이고, 머리가 명석해지면 분석입니다."

이 모든 존재의 본질적 세계에서는

생겨나는 일도 없고 소멸하는 일도 없으며

더러운 것도 없고 깨끗한 것도 없으며

늘어나는 것도 없고 줄어드는 일도 없다.

是諸法空相 不生不滅

不垢不淨 不增不減

고집과 주관

●

●

스님, 저는 주관이 뚜렷한 사람이라고 생각합니다. 그런데 사람들은 저에게 고집이 세다고들 해요. 고집과 주관을 어떻게 구분하나요?

●

"상대와 생각이 다를 때 부딪치고 싸우면 고집이고, 다툼이 없으면 주관입니다."

"아! 네."

선연 善緣

•

•

저는 동양철학을 전공하고 있는데요, 불교에서 깨달으면 운명이 바뀐다고 하는 걸 잘 이해하지 못하겠습니다. 어떻게 그렇게 될 수 있습니까?

•

"지금 내가 처음 본 당신의 뺨을 때린다면 어떻게 하겠습니까?"

"처음 본 사람이 때리는데 맞고만 있지는 않을 것 같습니다."

"서로 싸우면 원수가 됩니다. 왜 원수가 되었을까요? 전생에 원수였기 때문입니다. 또 내생에도 원수가 될 것입니다."

"네, 그렇겠네요."

"반대로 당신이 오늘 뺨을 맞고도 방긋이 웃으면 어떻게 되겠습니까?"

"친한 관계가 되겠지요."

"왜 친한 관계가 될까요? 전생에 좋은 관계였기 때문입니다. 또 내생에도 좋은 관계가 될 것입니다. 지금 뺨을 맞고 한번 웃으면 삼생이 선연이 되고, 한번 성내면 삼생이 악연이 됩니다."

"아…… 전생과 내생은 지금, 여기서 시작하는 거군요!"

빈 그릇

●

●

제 나이가 오십이 넘었습니다. 사회에서 나름 성공했다고 자부
해 왔는데 시간이 지날수록 회사에서는 젊은 세대들과 소통이
점점 힘들어지고 집에서도 자식들이 저를 피하는 느낌입니다.
그러다 보니 회사에서나 집에서나 제가 할 수 있는 일이 자꾸 줄
어듭니다. 젊은 사람들과 잘 어울릴 수 있는 방법이 있겠습니까?

●

"비우세요."
"뭘 비웁니까?"
"무엇으로 가득 차 있는 그릇에 새로운 걸 담을 수 있습니
까?"
"없습니다."
"비어 있는 그릇은 어떻습니까?"
"새로운 걸 담을 수 있습니다."

"밥하고 빨래하고 청소하고 아기도 보고 상대방에게 필요한 일은 주로 여성들이 많이 하죠."

"네, 그렇습니다."

"그래서 여성들은 나이가 들어도 환영을 받고 살지요?"

"네, 맞습니다."

"나이가 든 남성은 어떻습니까?"

"대부분은 아무것도 안 합니다."

"나이가 든 남성, 또 어디에서 성공 좀 했다고 하는 남성은 아무것도 안 하면서 오히려 큰소리를 치고 가르치려고만 하지요. 그러니 누가 좋아하겠습니까?"

"아무도 좋아하지 않을 것 같습니다."

"일상이 널려 있습니다. 어떻게 하면 좋아하겠습니까?"

"네, 알겠습니다."

내가 먼저

•

•

저는 기독교인입니다. 그래서 여기까지 오기 어려웠지만 꼭 스님의 탁견을 듣고 싶어 왔습니다. 저는 기독교에 매우 만족하고 있습니다. 그래서 다른 종교를 믿는 주변 사람들도 이 종교를 믿게 하고 싶은데 그게 쉽지 않습니다. 좋은 방법이 없겠습니까?

•

"나부터 십자가를 먼저 매십시오."

"십자가를요?"

"자식이 술도 안 마시고 집에도 일찍 들어오길 바란다면 아버지는 어떻게 하는 게 좋을까요?"

"아, 저희 아버지도 우리에게 그렇게 하기를 바라셨어요. 그래서 아버지는 정한 시간보다 늦게 들어오면 체벌을 가하고, 다음번에는 더 큰 체벌을 주겠다고 호통을 쳤습니다. 저희가 어릴 때는 그게 무서워서 아버지 말씀을 잘 따랐습니다."

"아버지는 어떠셨어요?"
"매일 술 마시고, 집에 늦게 들어오셨어요."

"자식들이 일찍 들어오고 책을 읽기 원하면 본인이 먼저 건전한 생활을 하고 책을 가까이 하면 됩니다."
"아! 제가 먼저 십자가를 매겠습니다."

배려

●

●

저는 상담사로 일하고 있습니다. 그런데 하면 할수록 상담하는
일이 어렵습니다. 내담자에게 공감을 많이 하면 자신의 문제를
보지 않은 채 합리화를 해버리고, 그렇다고 사실 그대로 얘기를
하면 상처를 받아 역효과가 날 때가 많아요. 어떻게 하는 게 진
정한 배려일까요?

●

"같은 국을 먹어도 어떤 사람은 짜다 하고, 어떤 사람은 싱
겁다고 하지요?"
"네, 그렇습니다."
"음식에 간을 맞추는 데 정해진 양이 있습니까?"
"하지만 음식점도 분명 사람들이 줄을 서는 곳이 있는 반
면에 파리만 날리는 집도 있잖아요."
"맛집이라고 하는 식당의 요리법은 하루아침에 만들어졌
을까요?"

"그럼 어떻게 해야 하는 건가요?"

"이렇게도 해보고 저렇게도 해보고 하면서 다수의 사람이 좋아할 입맛을 찾아낸 것이 아닐까요?"

"아, 잘 알겠습니다."

붕어빵

·

·

결혼한 딸이 남편에게 잔소리하는 모습이 예전의 제 모습을 닮
았습니다. 저는 수행을 하며 많이 좋아졌는데요, 제 카르마를 딸
에게 물려준 것 같아 마음이 아프고 어리석었던 지난날이 후회
됩니다. 어떻게 하면 딸에게 도움이 될 수 있을까요?

·

"그 딸을 누가 낳았어요?"
"제가요."
"누가 키웠어요?"
"제가 키웠습니다."
"누구 닮았게요?"
"저를 닮았습니다."
"물려준 것 같은 게 아니라 물려준 거네요."
"네, 맞습니다. 그런데 지금이라도 딸에게 도움이 되려면
어떻게 해줘야 할까요?"

"남편에게 잔소리하는 걸 가르치듯이 딸에게도 가르쳐준 겁니까?"
"아닙니다. 제가 하는 걸 보고 그대로 물려받은 겁니다."
"그럼 딸에게 도움이 되는 방법을 말로 설명한다고 될까요? 수행을 하면서 본인이 많이 좋아졌다면 딸이 그것도 물려받을 테니 걱정하지 말고 본인이나 잘 사세요."
"알겠습니다, 스님."

고추 농사

∙
∙

스님, 저는 정치학을 전공하는 대학생입니다. 그동안 통일문제에 대해 고민을 해왔는데 스님의 강연이나 책을 통해서 통일이 꼭 되어야 한다는 건 알게 되었습니다. 그런데 통일이 된다면 언제쯤 될까요?

∙

"내가 학생이 오기 전에 밥을 안쳤는데 밥이 맛있게 될 거 같은가요?"

"네? 그걸 왜 저한테 물어보세요? 스님이 밥을 어떻게 했느냐에 따라 밥이 맛있게 될 수도 있고 아닐 수도 있잖아요."

"스님이 고추 농사를 망쳐서 지나가는 이웃에게 내가 언제쯤이면 성공할 수 있겠냐고 물어보면 그 이웃은 뭐라고 할까요?"

"글쎄요, 그런데 제 질문에 왜 이렇게 되물어보시는지 이해가 잘 안 되는데요."

"스님이 고추 농사를 잘하고 싶어서 전문가에게 질문을 한다면 스님은 뭐라고 물어봐야 하겠습니까?"

"그거야 당연히 어떻게 하면 고추 농사를 잘 지을 수 있겠냐고 물어봐야겠지요."

"이제 통일에 대해서 다시 한번 질문해 보세요."

"아, 언제가 아니라, 어떻게 하면 통일이 되겠냐고 여쭤봐야 하는 거였네요!"

욕심

•

•

스님, 제가 수행한 지 어느덧 20년이 넘었습니다. 도를 얻지 못하고 이생을 마치지는 않을까 불안하고 초조합니다.

•

"그제는 사업하시는 분이 찾아와 사업을 20년 했는데 아직도 제대로 돈을 벌어보지 못했다고 괴로워했습니다."

"네……"

"어제는 정치하는 사람이 찾아와 정치활동 20년을 했는데 국회의원도 한번 못 해봤다고 괴로워하더니, 오늘은 수행하는 사람이 찾아와 수행 생활을 20년 했는데 아직도 깨닫지를 못했다고 괴로워합니다."

"네……."

"돈을 못 벌어서 괴롭거나 출세를 못해서 괴롭거나 깨닫지 못해서 괴로운 게 무슨 차이가 있습니까?"

"그러면 어찌해야 하겠습니까?"

“당신은 수행을 욕심으로 합니다. 욕심을 버려야 합니다.”

“……네.”

참선

스님, 저는 참선 수행을 하는 사람입니다. 그런데 요즘 참선이
너무 안돼 정말 고민입니다.

"참선을 해서 뭐 하려고요?"

"그거야 당연히 깨달음을 얻기 위해서지요."

"깨달음을 얻어서 뭐 하려고요?"

"그거야 일체의 분별이 끊어져 어떠한 번뇌도, 괴로움도
없는 경지에 이르기 위해서지요."

"괴로움이 없는 경지에 이르기 위해서 참선을 한다고요?
그런데 지금은 참선이 잘 안돼서 괴롭다고요?"

"네, 스님."

"그러면 참선을 안 하면 되지 않겠습니까?"

"네?"

깨달음에 걸리는 시간

•

•

스님, 저는 젊은 시절부터 지금까지 거의 40년 동안 이름난 수행처를 찾아다니며 수행을 했지만 제게 깨달음은 너무나 먼 곳에 있습니다. 어떤 스님은 제가 업이 두터워 그렇다는데, 그렇다면 저는 이번 생에는 깨달을 수 없는 겁니까?

•

"저기에 동굴이 두 개 있는데, 하나는 천 년 동안 어두웠던 동굴, 또 하나는 백 년 동안 어두웠던 동굴입니다. 이 두 개의 동굴에 동시에 불을 밝히면 어느 동굴이 더 빨리 밝아지겠습니까?"
"네? 아…… 네."

우월의식

•

•

무능력한 부모님을 평생 원망하며 살았는데, 기도를 하면서 그 원망을 많이 내려놓을 수 있었습니다. 그런데 이제는 부모님을 원망하고 미워한 과거를 자책하게 되어 괴롭습니다. 어떻게 하면 좋을까요?

•

"불을 끈답시고 옆으로 옮겨 붙였네요."
"네?"

"나 잘났소, 하는 우월의식을 내려놓으십시오."
"우월의식이라뇨? 제 잘못이라는 걸 알기에 후회되고 괴로운 건데요."
"자전거를 처음 배우는 사람이 연습하다가 넘어지면 어떻게 해야 합니까?"
"일어나서 다시 연습해야 합니다."

"그런데 청년은 지금 '나처럼 잘난 사람이 넘어지다
니······' 하면서 후회하고 있잖아요."
"아! 네."

윤회

․

․

저는 윤회가 있다고 강하게 확신하고 있습니다. 그런데 스님께서 윤회는 믿음의 문제라서 믿는 사람에게는 전생이 있고 믿지 않는 사람에게는 없다고 말씀하신 적이 있습니다. 저는 이 말씀에도 의문이 생깁니다. 저는 윤회가 없다고 생각하는 사람들을 받아들이기 어렵습니다.

․

"목사님이나 신부님 같은 분들이 하느님이 있다고 믿을까요?"

"네."

"많은 무슬림은 알라신을 믿을까요?"

"네, 그렇습니다."

"어떤 믿음은 '가짜다', 어떤 믿음은 '진짜다'라고 말할 수 있을까요?"

"그건 어렵다고 생각합니다."

"역사적으로 자신의 믿음에 반대되는 사람들을 죽이기도
했습니다. 그건 옳은 일이었을까요?"
"그건 옳지 않은 일입니다."

"윤회에 대한 확신은 믿음일까요?"
"아! 알겠습니다, 스님."

한 스님이 조주선사에게 법을 청했다.
"저는 최근 이 절에 들어왔습니다.
스승님께 가르침을 구합니다."
"아침은 먹었는가?"
"예, 먹었습니다."
"그럼 발우나 씻게."

악몽

.

.

스님, 저는 열심히 수행을 하고 있는데 깨달음이 무엇인지 잘 모르겠습니다.

.

"깨달음은 악몽에서 깨어나는 것입니다."

"깨어나면 어떻게 됩니까?"

"'다 헛된 것이었구나' 하고 알게 되지요."

"헛된 줄 알면 어떻게 되는데요?"

"모든 괴로움이 없어집니다."

"네, 알겠습니다."

참회

•

•

스님, 저는 오랜 세월 교회를 다니고 있는데 교회 목사님들은 회
개하라는 말씀을 참 많이 합니다. 불교에서도 참회라는 말이 있
는 걸로 아는데요. 제가 뭘 잘못했는지도 모르면서 무조건 비는
게 참회는 아닌 것 같습니다. 도대체 참회가 무엇입니까?

•

"참회할 것이 없는 도리를 아는 게 진정한 참회입니다."
"네?"

"동산東山도 아니고 서산西山도 아니지만, 동산은 동산이고
서산은 서산인 것을 아는 것입니다."
"제가 태어나서 이런 말씀은 처음 들어봅니다. 무슨 뜻인
가요?"
"여기까지 오시려면 저기 보이는 산을 하나 넘어왔을 텐데
저 산은 동산입니까, 서산입니까?"

"동산입니다."

"당신이 넘어오기 전에도 동산이었습니까?"

"아, 그때는 서산이었습니다."

"다시 묻겠습니다. 저 산은 동산입니까, 서산입니까?"

"아, 알았습니다. 동산도 아니고 서산도 아닙니다."

"저 산은 동산도 아니요, 서산도 아니지만 조건에 따라 동산, 서산, 남산, 북산 다 될 수도 있지요."

"네."

"이렇게 알면 저 산을 가지고 동산이네, 서산이네, 내가 옳으네, 너는 그르네 하면서 서로 다투고 참회할 필요도 없지 않겠습니까?"

"네, 그렇습니다."

밥 먹듯이

•
•

새벽에 일어나 108배와 명상을 하고 있습니다. 저같은 초심자가
바쁜 일상에서도 수행을 계속해 나가려면 어떤 마음을 가져야
할까요?

•

"점심때가 되면, 밥을 먹고 일하는 것과 밥을 안 먹고 일하
는 것 중 어느 게 더 효과적이에요?"
"밥을 먹고 하는 게 더 효과적입니다."

"밤이 늦어져 졸릴 때, 잠을 자고 일어나서 일을 하는 게
더 효과적일까요, 잠을 안 자고 졸면서 계속 일을 하는 게
더 효과적일까요?"
"잠을 자고 하는 게 더 효과적입니다."

"아침 수행을 하고 마음이 가벼워지면 하루가 어떤가요?"

"스트레스 없이 일상생활을 시작할 수 있어요."

"스트레스 없는 바쁜 일상이 더 효율적일까요, 아니면 일상이 바쁘다고 수행을 안 하고 스트레스 받으며 사는 게 더 효과적일까요?"

"알겠습니다, 스님. 그 마음으로 수행하겠습니다."

꽃을 좋아하면

•

•

스님,《금강경》에 보면 해탈하기 위해서는 일체중생을 구제한다
는 마음을 먼저 먹어야 한다고 나오는데, 그렇게 하면 정말 제가
행복해질 수 있습니까?

•

"꽃을 미워하면 내 기분이 어때요?"

"제 기분이 나쁩니다."

"꽃을 좋아하면 내 기분이 어때요?"

"제 기분이 좋습니다."

"바다를 싫어하는데 누가 바다로 가자고 하면 어때요?"

"귀찮습니다."

"바다를 좋아하면 어떨까요?"

"신이 나고 행복하겠지요."

"일체중생을 전부 좋아하면 어떨까요?"

"아……, 네."

중도

　·

　·

스님, 부처님이 깨달은 중요한 것 중 하나가 '중도'라고 들었습
니다. 그런데 중도가 무엇인지 잘 모르겠습니다.

　·

"온돌방에 겨울에는 장작 열 개를 때고, 봄에는 다섯 개를
때고, 여름에는 안 때는 것입니다."

"네?"

"추우면 옷을 입고 더우면 옷을 벗는 것입니다."

"무슨 말씀이신지……?"

"해가 나면 농사를 짓고 비가 오면 쉬는 것입니다."

"있는 그대로 받아들이라는 말씀인가요?"

"중도는 어느 한쪽에 치우친 게 아닙니다. 주어진 조건에
서 목적지로 가는 가장 적절한 길, 최선의 길이 중도입니
다."

시비심

•

•

분별심과 분별력의 차이는 무엇인지 궁금합니다. 그리고 분별심
을 버리려면 어떻게 해야 할까요?

•

"남자와 여자를 구분할 줄 아는 사람과 구분할 줄 모르는
사람 중 누가 지혜로운 사람이에요?"
"구분할 줄 알아야 지혜로운 사람입니다."
"남자는 우월하고 여자는 열등하다고 생각한다면 지혜로
운 사람인가요?"
"지혜롭지 못한 사람이라고 생각합니다."

"남자와 여자를 구분할 줄 아는 것은 서로 다름을 아는 분
별력입니다. 남자는 우월하고 여자는 열등하다고 생각하
는 것은 옳고 그름에 기반한 시비심입니다. 전자는 차이를
아는 것이고 후자는 차별하는 것입니다."

"스님, 시비심이 분별심입니까?"

"네, 그래서 시비분별심이라고 합니다. 다른 사람을 대할 때 '서로 다르다'는 분별력을 가지되, '옳고 그르다'는 시비분별심은 버려야 합니다."

"잘 알겠습니다."

출가

.

.

스님, 저는 출가를 하고 싶습니다.

.

"왜 출가하고 싶은가요?"

"저를 구속하고 있는 집에서 나와 자유를 얻고 싶어요."

"집이 당신을 구속하는 곳입니까?"

"네, 그렇습니다."

"구속만 하는 곳에서 30년 넘게 살았다는 말입니까?"

"때로는 편안한 곳이기도 했습니다."

"어떨 때 편안함을 느낍니까?"

"맛있는 걸 먹을 때, 좋은 옷을 입을때, 부모님이 잔소리를 하지 않을 때 편안합니다."

"내가 원하는 대로 되었을 때 편안하다는 말이네요. 다시 묻겠습니다. 출가를 왜 하고 싶습니까?"

"편안함보다는 속박이 더 크게 느껴지기 때문입니다."

"그럼 가출을 하고 싶다고 해야 맞습니다."

"가출과 출가는 어떻게 다른가요?"

"속박이 싫어 지금 살던 집에서 나와 더 좋아 보이는 곳으로 떠나는 게 가출입니다."

"그렇다면 출가란 무엇인가요?"

"편안한 집이 속박의 원인임을 꿰뚫어 알아 집을 불살라버리면 출가입니다."

"아……."

심우 尋牛

•

•

스님, 대체 깨달음이 무엇입니까? 처음 불교 공부를 시작했을 때
에는 어렵지 않게 깨달을 수 있다고 생각했는데 불교 공부를 오
랫동안 해온 지금은 깨달음이 너무 멀리 있는 것 같습니다.

•

"소를 타고서 소를 찾고 있네요."
"그게 무슨 말씀입니까?"

"태어날 때부터 물속에서 살아온 물고기가 물의 존재를 알
수 있겠습니까?"
"글쎄요, 아마 모를 것 같습니다."

"이 물고기가 물의 존재를 아는 방법은 단 하나밖에 없습
니다. 바로 물 밖으로 나오는 것입니다."
"네?"

"그때 물의 소중함도 알고, 자신이 본래 물속에 살고 있었음을 알 수 있습니다."

"……."

/ 닫는 글 /
질문 속에 답이 있습니다

어느 날 가미니라는 젊은 수행자가 부처님에게 물었습니다.

"부처님, 저 브라만이 말하기를 성스러운 강가 강에서 목욕을 하면 아무리 죄를 많이 지은 사람도 몸의 때가 씻어지듯 죄업이 다 없어지고 하늘나라에 태어날 수 있다고 합니다. 그것이 사실입니까?"

부처님은 빙긋이 웃으며 말했습니다.

"가미니야, 만약에 그들의 말이 맞다면 강가 강에 사는 물고기가 가장 먼저 하늘나라에 나겠구나."

그러자 가미니는 모든 의심이 순식간에 사라지고, 마음이 확연히 밝아졌습니다.

부처님은 그 물음에 대해서 '그들의 말이 맞다면'이라고 일단 수용한 후 말씀하십니다. 사람이 강가 강에서 한번 목욕을 한다고 하늘나라에 태어난다면, 강가 강에 사는 물고기는 아예 거기에서 태어나 자라고 강 속에 사니까 누구보다 먼저 하늘나라에 태어나야 하지 않겠느냐는 논리입니다. 부처님의 말씀을 듣고 가미니는 "알았습니다, 부처님. 잘 알았습니다" 하고 대답합니다. 이것은 누구의 말이 옳다 그르다는 것을 넘어 새로운 앎의 단계로 가는 것입니다. 이것이 '깨달음'입니다. 번뇌가 사라져 버리는 경지이지요.

부처님은 어느 것이 옳고 그름을 판단하기보다는 늘 스스로 깨닫도록 했습니다. 또 합당하고 합리적인 언어로 상대의 눈높이에 맞춰 이야기를 했습니다.

'즉문즉설'도 여러분의 질문을 듣고, 질문자가 스스로 길을 찾아갈 수 있도록 다만 서로 대화할 뿐입니다. 마음에서 일어난 괴로움이 누군가와의 절실한 대화를 통해 문득 그 마음속에서 저절로 해답이 찾아지는 겁니다. 우리의 마음은 괴로움도 일으키지만, 괴로움이 없는 마음도 내지요. 우리가 괴로움 없이 살기란 쉽지 않지만 그렇다고 살 수 없는 것도 아닙니다. 진지하고 솔직하게 괴로움에서 벗어나는 길을 물을 때 우리는 스스로 그 길을 자신의 마음 속에서 '탁!' 발견하게 됩니다.

대화를 하다 보면 '별일 아니네', '문제없네'라고 질문자가 스스로 깨닫는 경우도 있고, '이렇게 해결하면 되겠네'라고 방법을 스스로 찾기도 합니다. 즉, 정답이나 방법을 누가 알려주는 게 아니고, 대화 중에 스스로 길을 찾아가는 겁니다. 어떤 인생을 살 것인지는 개인의 선택입니다. 다만 어떤 선택을 하든 책임이 따릅니다. 그 책임을 기꺼이 받아들여야 합니다.

아무쪼록 이 책을 읽으신 분들은 괴로움이 없는 행복한 삶을 누리시기를 바랍니다.

법륜 합장